AF524163

Januar 1968. Das frisch verheiratete Paar Godard-Wiazemsky bezieht sein »Liebesnest« im Pariser Quartier Latin. Godard ist siebenunddreißig, Wiazemsky zwanzig Jahre alt. Als im Mai die Revolte losbricht, verfolgt Anne das mit Sympathie und Interesse, ohne selbst politisiert zu werden. Sie steht mit Jacques Brel vor der Kamera und nimmt gelegentlich auf Rollschuhen an den Demonstrationen teil. Anne Wiazemsky erzählt von Dreharbeiten in Italien oder von der Rückreise aus Cannes mit Gilles Deleuze, von ihrem Jugendfreund Daniel Cohn-Bendit und von der Begegnung mit den Beatles in London, wo Paul McCartney sie auffordert, mit ihm unterm Tisch Tee zu trinken. Während sie ihre Jugend und den neuen Ruhm genießt, erwachsener wird und sich befreit, radikalisiert sich Godard zusehends. Er träumt von einem revolutionären Kino und wird zugleich krankhaft eifersüchtig auf seine junge Frau.

Ein spannendes, subjektives Erinnerungsbuch voller Anekdoten – ein authentisches Zeugnis der 68er-Aufstände in Frankreich und eine berührende Liebesgeschichte.

Anne Wiazemsky

PARIS, Mai '68

Ein Erinnerungsroman

Aus dem Französischen
von Jan Rhein

Verlag Klaus Wagenbach Berlin

Für Marie-Laure de Crozefon

Wir waren erst vor wenigen Wochen in die Wohnung in der Rue Saint-Jacques Nummer 17 gezogen, im 5. Arrondissement. Seit meiner Jugend hatte ich davon geträumt, im Quartier Latin zu wohnen, und das Apartment war ideal gelegen, nahe der Sorbonne, dem Boulevard Saint-Michel und der Seine. Jean-Luc war es eigentlich egal, wo wir lebten, er war zufrieden mit seiner Mietwohnung in der Rue de Miromesnil Nummer 15, die auch als Bühnenbild für *Die Chinesin* gedient hatte – aber warum nicht umziehen? »Außerdem bin ich die Place Beauvau leid, den Élysée-Palast und die ganzen Polizisten«, hatte ich hinzugefügt, und mit betont schweizerischem Akzent hatte er geantwortet: »Wenn das so ist ...«

Das Haus mit der Nummer 17 stand gegenüber der Église Saint-Séverin; wir hatten die oberste Etage gekauft, mit herrlichem Blick auf die Kirchgärten und das Viertel. Mein Großvater François Mauriac war hocherfreut über diese Nähe zur Kirche: »Großartig, solltest du einmal auch nur das leiseste Bedürfnis verspüren, zum Glauben zurückzufinden, überquerst du einfach die Straße ... das geht so schnell, dass du nicht mal deine Meinung ändern oder es auf später verschieben kannst.« Anhand von Zeitungsartikeln und dem, was man ihm zutrug, verfolgte er mit Begeisterung meine vielen Reisen durch die Welt. Dass ich ihn nicht häufiger besuchen kam, störte ihn nicht, und er empfing mich immer wohlwollend. Die übrige Familie dagegen warf mir bei jeder Gelegenheit meine sogenannte »Undankbarkeit« vor. Tatsächlich hatte ich mich skrupellos in ein neues Leben gestürzt, von dem sie ausgeschlossen waren, und fühlte mich dadurch wie befreit. Sie nannten mich eine kleine Wilde. Und hatten Recht damit.

An jenem Tag kam ich gerade aus einer der letzten Pressevorführungen des Films *Les Gauloises bleues* von Michel Cournot. Er sollte Frankreich beim Festival de

Cannes vertreten, worüber wir uns freuten wie verrückt. Ich hoffte, dass der Film die Goldene Palme gewinnen würde, und hatte versucht, den aufgewühlten Michel mitzureißen, der allen Ernstes nicht wusste, ob er über diese Nachricht glücklich sein sollte oder nicht. Unsere Freunde Rosier und Bambam unterstützten mich, sie malten sich schon aus, wie wir ihn als seine drei Groupies nach Cannes begleiten würden.

Rosier und Bambam waren im Spätsommer 1967 aus heiterem Himmel in Jean-Lucs und mein Leben getreten. Sie waren Michels beste Freunde, er traf sich beinahe täglich mit ihnen und verließ uns oft mit dem denkwürdigen Satz: »Ich gehe zu Rosierbambam.«

Die beiden waren ein Paar. Michèle Rosier war eine der großen Modeschöpferinnen der Zeit, Jean-Pierre Bamberger Leiter einer Textilfabrik in Nordfrankreich. Gemeinsam hatten sie die Kleidermarke V de V gegründet, die schnell erfolgreich wurde und von der es hieß, sie habe »die Skimode revolutioniert«. Ich wollte die beiden kennenlernen. Sie gaben ein Mittagessen in ihrem wunderschönen Apartment in der Rue de Tournon Nummer 20. Noch am selben Abend erhielten Jean-Luc und ich ein Telegramm von Rosier, in dem es schlicht hieß: »Oh weh, ihr fehlt mir jetzt schon!« Das beruhte auf Gegenseitigkeit. Wir begannen, uns äußerst regelmäßig zu treffen, um ins Kino zu gehen oder gemeinsam zu Abend zu essen, meist in der Brasserie Balzar, die auf halber Strecke zwischen unseren Wohnungen lag.

Seit Herbst 1967 jedoch waren Jean-Luc und ich oft in den USA gewesen, um *Die Chinesin* an amerikanischen Universitäten vorzustellen. Auf die Filmvorführungen folgten lange Diskussionen mit den Studenten, die mich rasch anödeten. Jean-Luc hingegen begeisterte sich immer mehr für politische Fragen; den Willen der jungen Leute, die Welt zu verändern, die Protestmärsche gegen den Vietnamkrieg, die Black-Power-Bewegung. In Paris umgab er sich mit maoistischen Studenten, auf deren Bekanntschaft ich keinerlei Wert legte. Er ging nicht mehr so oft ins Kino und fand, dass ich auf diesem Gebiet genug gelernt hätte. Für ihn war das Wichtigste, dass wir miteinander aufwachten und uns abends wiedersahen. Wir waren jetzt auch offiziell ein Paar, und er nannte mich gerne »meine Frau«. Es beunruhigte ihn nun nicht mehr, wenn wir voneinander getrennt waren, sofern es nur um wenige Tage ging. Dass er endlich ruhiger geworden war, freute und verunsicherte mich zugleich: Wie passte das zu der großen Leidenschaft, die uns einander in die Arme getrieben hatte? Und noch eine weitere Befürchtung hielt ich todernst in meinem seit geraumer Zeit kaum noch geführten Tagebuch fest: »Die Liebe raubt mir meine Unabhängigkeit.«

Gegen Ende des Jahres 1967 hatte Jean-Luc geplant, dass ich mit Jean-Pierre Léaud in seinem Film *Die fröhliche Wissenschaft* mitspielte. Zur selben Zeit hatte Michel Cournot mir angeboten, als Schwarz-Weiß-Fotografin am Set von *Les Gauloises bleues* mitzuwirken. Ich hatte nicht lange gezögert. Dass ich Jean-Luc zurückwies, meinem Mann einen Wunsch ausschlug, bewies mir, dass ich noch immer frei war, um neue Erfahrungen zu machen. Jean-Luc hatte Mühe, das zu akzeptieren, engagierte aber auf meinen Rat hin schließlich Juliet Berto für die Rolle.

Die folgenden zwei Monate waren seltsam; wir standen in aller Frühe auf und sahen uns spät abends wieder, zu müde, um uns von unseren Erlebnissen zu erzählen, um unsere Freuden und Sorgen miteinander zu teilen. Wir lebten fast keusch, und ich fragte mich etwas besorgt, ob es das war, das Eheleben.

Auf Einladung einer amerikanischen Universität reisten wir gemeinsam nach Los Angeles. Ich blieb jedoch nur kurz, denn ich musste rasch nach Rom aufbrechen, wo Pier Paolo Pasolini unerwartet früh mit den Dreharbeiten zu *Teorema – Geometrie der Liebe* begann. Zum ersten Mal waren wir wirklich voneinander getrennt; der Kummer zerriss uns. Es kam uns vor, als riskierten wir, uns nie mehr wiederzusehen, und schluchzten im Duett, bevor ich ins Flugzeug stieg. Die Air-France-Besatzung war so beeindruckt davon, dass sie Jean-Luc sogar erlaubt hatte, mich bis auf die Passagierbrücke zu begleiten. Schon nach wenigen Tagen reiste er von

Los Angeles nach Rom und wieder zurück, um sich zu vergewissern, dass ich ihn immer noch genauso liebte. Unser kurzes Wiedersehen war so leidenschaftlich wie unsere Treffen ein Jahr zuvor. Ich war beruhigt.

Eine weitere Einladung führte uns Anfang Februar 1968 nach Havanna. Die Offiziellen der kubanischen Filmindustrie empfingen Jean-Luc wie einen Helden. Ich störte mich an dieser Heiligenverehrung, die er jedoch nicht wahrnahm. Als er ihnen ein gemeinsames Filmprojekt vorschlug, stellte man ihm sogleich Filmmaterial und zwei Techniker zur Verfügung, und wir brachen auf. Ohne große Überzeugung filmte Jean-Luc dieses und jenes, Landschaften, Propagandabilder, einige wenige Plakate des Che. Ich spürte, dass er auf der Suche nach etwas war, er war wortkarg und unzufrieden. Dabei gaben sich unsere kubanischen Kameraden alle Mühe, ihn zu unterstützen, und bedachten mich mit Geschenken, darunter ein riesiges besticktes Dreieckstuch aus dem 19. Jahrhundert, ein Schatz aus dem Fundus der Filmschule Havannas. Es gab jedoch ein Thema, das man nicht ansprechen durfte und über das sie, wie alle anderen Kubaner, hartnäckig schwiegen: die Inhaftierung des Franzosen Régis Debray in Bolivien. Er hatte an ihrer Seite gekämpft – was unternahm Castro für seine Freilassung? Ihr Schweigen war uns ein Rätsel.

In Paris brodelte es. Am 9. Februar war Henri Langlois, der Präsident der Cinémathèque, auf einen Regierungsbeschluss hin abgesetzt worden. François Truffaut schickte Jean-Luc Telegramme ins Hotel mit der Botschaft: »Komm sofort heim, wir brauchen dich.« Wir ließen zwei Plätze für den nächsten Flug nach Madrid reservieren, wo wir mehrere Stunden auf unseren Anschluss nach Paris warten mussten. Jean-Luc hielt es kaum aus, nicht vor Ort zu sein, und der Zorn darüber setzte in ihm eine Energie frei wie seit Langem nicht mehr.

Kaum zu Hause angekommen, stieß er zu dem Komitee zur Verteidigung von Henri Langlois, das François Truffaut, Jacques Rivette und Barbet Schroeder mit Feuereifer anführten. An den Diskussionen nahmen zahlreiche Regisseure, Schauspieler und Filmtechniker teil.

Erstmals schien das französische Kino mit einer Stimme zu sprechen. Es war die Rede von einem »Sturm« auf die einstweilen geschlossene Cinémathèque, von ihrer »Befreiung«.

Langlois hatte auf mich noch nie einen Reiz ausgeübt; er ließ sich gehen, offen gesagt war er schmutzig und widerte mich an. Ich entzog mich seiner lautstarken Art und drehte mich weg, wenn er mich umarmen wollte. Jean-Luc bemerkte das stirnrunzelnd, doch ich konnte nicht anders – obwohl ich wusste, was das Kino ihm verdankte, und die Cinémathèque de Chaillot auch für mich ein heiliger Ort war.

Unter der Leitung von Jean-Luc, Truffaut und Rivette, die entschlossener waren denn je, Henri Langlois wieder zu seinem Posten zu verhelfen, ging alles sehr schnell. Die Studenten waren ebenfalls zur Auseinandersetzung bereit und schlossen sich den Filmleuten an. Da ich häufig im Ausland war und mich die Situation an den französischen Universitäten wenig beschäftigte, stellte ich keine Verbindung zwischen den amerikanischen Studentenrevolten und den Ereignissen in Paris her. Jean-Luc dagegen spürte, dass überall etwas Neuartiges entstand, in Deutschland, in der Tschechoslowakei, in Rom wie in London. Seine Freundschaft mit den maoistischen Studenten bestärkte ihn. Seit unserer Rückkehr aus Kuba sprach er wieder von Weltrevolution. Wir hörten ihm kaum zu, so sehr waren wir damit beschäftigt, Langlois und die Cinémathèque zu retten. Ich genoss die Aufbruchsstimmung und fühlte mich wohl inmitten all der Älteren, die plötzlich wieder zwanzig waren, wie ich selbst.

Auf die erste Demonstration am 12. Februar gegen Ende des Tages in der Rue d'Ulm folgte jene des 14. Februar vor dem Palais de Chaillot, an der Schätzungen zufolge 3 000 Menschen teilnahmen. Dicht an dicht waren wir die Avenue du Président-Wilson hinaufgezogen und hatten den Rücktritt des Kulturministers André Malraux sowie die sofortige Wiedereröffnung der Cinémathèque gefordert. Ich lief an der Spitze der Demonstration, zwischen Jean-Luc und François Truffaut, beeindruckt und mitgerissen von ihrer Entschlossenheit.

Diese nahm noch zu, als unser Protestzug am oberen Ende der Straße mit der Polizei zusammenstieß, welche den Zugang zur Place du Trocadéro blockierte. Ein erster, recht harmloser Schlagabtausch erinnerte eher an ein Puppentheater und löste sich in einem Kompromiss auf: Wir erhielten die Erlaubnis, uns auf dem Platz zu versammeln und einen von den Filmleuten unterzeichneten Aufruf an die Regierung vorzutragen. Anschließend sollten wir ruhig auseinandergehen.

Natürlich hatten wir nicht vor, dem Befehl zu folgen, und die Verlesung des Aufrufs steigerte noch unseren Kampfgeist. Wir wollten die Öffnung der streng bewachten Tore der Cinémathèque und des Théâtre national populaire erzwingen; die Polizei angreifen, bevor sie uns angriff.

Ein gewaltiger Zusammenstoß. Nach einem kurzen Schreckmoment setzten die Polizisten Schlagstöcke ein, und der nun folgende erbitterte Kampf hatte nichts mehr mit einem Puppentheater zu tun.

Auf meinem Heimweg erinnerte ich mich wieder an diesen 14. Februar. Rund um die Sorbonne herrschte Aufruhr, es war der 3. Mai 1968. Ich hatte gehört, dass dort an diesem Tag eine Kundgebung stattfinden sollte und dass die Université de Nanterre geschlossen worden war. Trotz der abendlichen Erklärungen Jean-Lucs wusste ich nicht viel mehr. Unweit von Paris hatten für mich gerade die Dreharbeiten zu Philippe Fourastiés Film *La Bande à Bonnot* begonnen.

Mit einem Mal strömten von allen Seiten schreiende Studenten heran, verfolgt von einer ganzen Armee behelmter Polizisten mit Gummiknüppeln; sie schlugen wahllos auf jeden ein, den sie treffen konnten. Ich blieb sofort stehen, an der Kreuzung zwischen dem Boulevard Saint-Germain und der Rue Saint-Jacques, wie gelähmt vor Angst und unfähig weiterzulaufen. Die Studenten flohen in Richtung Place Maubert, rempelten mich an. »Nicht anhalten, blöde Kuh«, versuchte mich einer von ihnen anzutreiben. Und gab mir, als ich mich immer noch nicht rührte, eine schallende Ohrfeige, bevor er weiterstürmte.

Das holte mich zurück in die Realität. Ich sah die Polizeitruppen vorrücken und rannte in die Rue Saint-Jacques zu unserem Haus. Ich stürmte die vier Etagen hinauf, panisch wegen der nachhallenden Kampfgeräusche, überzeugt, dass man mich bis zu unserer Wohnung verfolgen könne, und verriegelte die Tür mit den drei Schlössern, die Jean-Luc hatte anbringen lassen. Endlich in Sicherheit!

Unsere Wohnung erstreckte sich über drei Ebenen. Eine kleine Treppe führte zu Jean-Lucs Arbeits- und Badezimmer, eine weitere ins Wohnzimmer und in die winzige Küche, eine dritte schließlich zu meinem Bad und zu unserem Dachzimmer, an das sich eine kleine Terrasse anschloss.

Ich verharrte einige Minuten wie angewurzelt, kam wieder zu Atem und horchte nach Geräuschen im Haus. Aber es hallte nur von der Straße herauf, was draußen geschah, abgedämpft durch die doppelt verglasten Wohnzimmerfenster.

Ich öffnete sie. Auf dem Boulevard Saint-Germain und in der Rue Saint-Jacques ging die Jagd auf die Studenten weiter. Gruppen von Jugendlichen, Jungen wie Mädchen, kämpften mit bloßen Händen gegen die Schlagstöcke an, andere warfen mit Gegenständen, die sie von den Bürgersteigen aufsammelten. Teils war es so vernebelt, dass ich nicht erkennen konnte, wer wen angriff. Später sollten wir erfahren, dass Tränengas eingesetzt worden war. Das Geheule der Polizeisirenen und das ferne Gehupe wütender Autofahrer, die an den Zufahrten des Quartier Latin feststeckten, übertönten das Gemurmel der Masse und die Parolen, die einige Studenten weiter in ihre Megaphone riefen.

Das Telefon klingelte. Es war Jean-Luc; er war ziemlich besorgt und hatte befürchtet, dass ich es nicht in die Wohnung zurückgeschafft hätte. Er hatte bereits eine halbe Stunde zuvor angerufen, mich nicht erreicht und es dann bei Bambam und Rosier versucht, weil er dachte, ich sei zu ihnen geflüchtet. Erleichtert, mich in Sicherheit zu wissen, überlegte er, wie er nach Hause kommen könne. Er war auf der anderen Seite der Seine, versicherte mir aber, er werde einen Weg finden. Ich solle mich nicht vom Fleck rühren und auf ihn warten. Nun machte wiederum ich mir Sorgen. Ich hatte gesehen, wie er sich vor dem Palais de Chaillot auf die Polizisten gestürzt hatte, kannte seine Aggressivität, sein mangelndes Gefahrenbewusstsein. Er versprach, vorsichtig zu sein, und riet mir, bevor er auflegte: »Mach Europe 1 an.«

Ich schaltete das große Gerät ein, das sogar Radio Peking empfing und das in *Die Chinesin* zu sehen ist. Ein Journalist berichtete in einer Direktübertragung von der Konfrontation zwischen Studenten und Polizei, welche sich nun zur Sorbonne und zum Panthéon verlagert hatte. Es hieß, es gebe auf beiden Seiten Verletzte und der Ausgang dieses Tages sei unvorhersehbar. Einer seiner Kollegen im Studio fasste die jüngsten Ereignisse noch einmal zusammen.

Begonnen hatte alles mit der Schließung der Universität Nanterre sowie der Vorladung einiger Studenten vor eine Disziplinarkommission; sie wurden als Rädelsführer der Unruhen angesehen, welche die Universität seit Ende März in Atem hielten. Hinzu kam, dass Anhänger der rechtsextremen Bewegung Occident drohten, die kurzfristig anberaumte Versammlung an der Sorbonne zu sprengen, auf der ihre Taten angeprangert werden sollten; wenig zuvor hatten sie einen Brand in den Büros der Fédération des groupes d'études de lettres gelegt. Der Rektor der Sorbonne hatte die Polizei gerufen, um die Ordnung wiederherzustellen. So schlugen nun Linke, Kommunisten, Rechtsextreme und Polizisten gleichzeitig aufeinander ein! Es fiel mir schwer, den Überblick zu behalten.

Als Jean-Luc heimkam, war er bitter enttäuscht, das alles verpasst zu haben. Es wurde Abend, und die Église Saint-Séverin und ihre Gärten strahlten in klarem Mailicht. Nur verschiedene Überbleibsel auf den Bürgersteigen erinnerten noch an die Geschehnisse des Nachmittags. Falls weitergekämpft wurde, dann anderswo. Jean-Luc wollte in allen Einzelheiten hören, was ich erlebt hatte. Die Geschichte mit der Ohrfeige rührte ihn: »Dass du dir immer eine einfangen musst!«

Er spielte auf eine Situation während der Langlois-Proteste am 14. Februar an, als die Demonstranten, er und Truffaut an der Spitze, kehrtmachten, um die Polizei anzugreifen. Überrascht von so viel Unverfrorenheit, verließen die Polizisten, die den Eingang des Palais de Chaillot bewachten, ihren Posten, um ihren Kollegen zur Hilfe zu eilen. »Alle ins TNP! Besetzen wir das Theater!«, rief Rivette und stürmte in das Gebäude. Mein Bruder Pierre, eine Freundin und ich waren direkt neben ihm und folgten ihm ohne Zögern. Es war aufregend, Rivette als Feldherren zu sehen, und Pflicht und Ehre für uns, ihn zu begleiten. Wir stürmten die Treppen zum Theatersaal hinunter. Ohne Zögern sprang Rivette auf die Bühne und drehte sich triumphierend um. Plötzlich verfinsterte sich sein Gesicht, wie bei einem Kind, das gleich losheult. Alles in allem bestand seine Kampftruppe aus Pierre, meiner Freundin, einem Unbekannten und mir.

Der Rückweg war bedrückend. Zwischen uns fiel kein Wort. Ich fand die Situation durchaus komisch, doch ich hielt mich zurück, auch nur den kleinsten Witz zu machen, so mitgenommen schien der gute Rivette. Gerne hätte ich ihn getröstet und ihm gesagt, dass es nicht so schlimm sei, doch eine solche Vertraulichkeit hätte ich mir nie erlaubt.

Oben erwartete uns die nächste Überraschung: Die Türen waren wieder verschlossen und von einigen Polizisten bewacht. Mit gebundenen Händen mussten wir mitansehen, wie draußen der Kampf tobte. Wütend und beschämt trommelten wir dagegen, damit man uns befreite. Schließlich öffnete uns ein verdutzter Polizist. Wir kamen mit erhobenem Kopf heraus, ich murmelte sogar ein leises »Danke«, bevor ich einen Knüppelschlag auf den Kopf bekam, einige Treppenstufen hinabstürzte und auf den Bürgersteig fiel. Noch halb benommen bemerkte ich überrascht, dass ich in den Armen Simone Signorets lag. Dank ihrer Bekanntheit und dank Jean-Luc, der erschrocken herbeieilte, beruhigte sich die Situation etwas, und man konnte mich in Sicherheit bringen. Ich war heil davongekommen, aber die Radiosender erwähnten das Ereignis trotzdem in ihrer Berichterstattung zum »Aufstand der Künstler«. Am folgenden Tag erhielt meine Mutter ein Entschuldigungstelegramm des Präfekten Grimaud, einem Freund meines Vaters aus seiner Zeit an der École Alsacienne. Wir kamen seither immer wieder auf den von Jean-Luc so getauften »Sturm auf das Winterpalais durch Jacques Rivette« zu sprechen. Doch heute wollte er nicht in Erinnerungen schwelgen.

»Was gerade passiert, hat eine ganz andere Größenordnung, und wir stehen erst am Anfang.«

Zärtlich nahm er mich in den Arm.

»Du wirst sehen.«

Erfolglos versuchte er, seine geheimnisvollen maoistischen Freunde zu erreichen, dann Michel Cournot in Sceaux, der von nichts etwas mitbekommen hatte, und schließlich Bambam und Rosier, die annahmen, dass die Kämpfe sich in die Rue Soufflot verlagert hatten. Von ihrem zur Terrasse umgebauten Dach hörten sie die Parole »Befreit unsere Kameraden!«.

»Morgen unterbreche ich die Arbeiten an der Montage der *Fröhlichen Wissenschaft*, die ermüdet mich sowieso; ich werde die Studenten treffen. Ich hoffe, du begleitest mich.«

Das kam nicht infrage: Am folgenden Tag sollte ich bei den Dreharbeiten zu *La Bande à Bonnot* erscheinen.

Philippe Fourastié hatte sich für seinen zweiten Film als Regisseur mit fast allen Mitarbeitern der *Gauloises bleues* umgeben, bei dem er sehr erfolgreich als erster Assistent Michel Cournots mitgewirkt hatte. Auf der Besetzungsliste standen Jean-Pierre Kalfon, der die Hauptrolle in Michels Film spielte, aber auch Annie Girardot und Bruno Cremer, die nur kurz im Bild zu sehen gewesen waren. In *La Bande à Bonnot* waren nun sie die Stars, neben Jacques Brel, der Raymond la Science verkörperte. Cournots Frau Nella und ich hatten Nebenrollen. Wir waren alle sehr froh, uns wiederzusehen; und die Dreharbeiten begannen in entspannter und familiärer Stimmung. Da ich mich um die Schwarz-Weiß-Fotos für den letzten Film gekümmert hatte, waren mir besonders die Techniker ans Herz gewachsen. Nella und ich traten vor allem in Gruppenszenen auf, gemeinsam mit den Hauptfiguren.

Wir drehten seit einigen Tagen etwa 30 Kilometer vor Paris, in einer Belle-Epoque-Villa und dem umliegenden Park. Die Bankraube, Autorennen und die blutige Belagerung, bei der Bonnot/Bruno Cremer getötet werden sollte, standen erst später auf dem Drehplan. Jeder wusste über die Pariser Ereignisse des Vortags Bescheid. Wer sie für ein Strohfeuer hielt, dem waren sie gleichgültig, doch andere waren stärker verunsichert. Die Polizeipräfektur hatte annähernd 600 Verhaftungen gemeldet, an der Sorbonne fand kein Lehrbetrieb mehr statt, und die beiden wichtigsten Studentenvereinigungen UNEF und SNESup riefen nun zu einem unbefristeten Streik auf.

Passend dazu wurde gerade eine Polizeirazzia in der Villa gedreht. Ein Inspektor, der herausfinden sollte, wo sich Bonnot versteckte, befragte Personen aus dessen Umfeld. Ich spielte eine Figur mit dem Spitznamen »rote Venus«; sie sollte später zur Verräterin werden, im Augenblick aber noch misstrauisch herumzetern. Während wir probten, hatte Bruno Cremer sich neben der

Kamera aufgebaut und zog über mich her. »Du spielst miserabel!«, rief er, oder in Abwandlung: »Beschissen!« Es machte ihm große Freude zu sehen, wie ich immer unsicherer wurde. Er provozierte mich nicht zum ersten Mal. Schon am Set von *Les Gauloises bleues* hatte er zwischen zwei Aufnahmen zu mir gesagt: »Dein Mann ist ein beschissener Filmemacher!« Das hatte mich überrascht, denn ich bewunderte ihn. Und fand ihn außerdem sehr anziehend.

Ihn jedoch immer wieder öffentlich sagen zu hören, ich sei unfähig, verunsicherte mich. »Lass sie in Ruhe, Bruno, wir proben«, regte sich der Regisseur auf. Armand, der Kameraoperateur, mit dem ich mich angefreundet hatte, flüsterte mir zu: »Nur die Ruhe. Ich glaube, du gefällst ihm, und das ist seine Masche, mit dir anzubandeln. Bruno ist ein Frauenheld.« Vielleicht stimmte das und hätte mir schmeicheln sollen, aber ich fühlte mich genauso, wie er sagte: unfähig. Als die Szene gedreht war, blieb ich nicht am Set, wie sonst so gerne, sondern ging in die Villa zurück, um in der Küche einen Kaffee zu trinken.

Eine Frau mittleren Alters kümmerte sich um das Haus und stellte das Frühstück und kleine Imbisse bereit. Sie lehnte an einem uralten Kohleherd und hörte Jacques Brel zu, der mit einem Glas Rotwein in der Hand monologisierte. Unauffällig setzte ich mich ihm gegenüber und murmelte ein kaum hörbares »Bonjour«.

Er war seit Kurzem am Drehort und mied die anderen Hauptdarsteller wo es ging. Philippe Fourastié hatte versucht, ihn in die Gruppe einzubinden – ohne Erfolg. Er wirkte nicht feindselig, aber abwesend, wie von einem anderen Stern. Annie Girardot, die als Verführerin galt, war beauftragt, ihn zugänglicher zu machen; zu diesem Zweck hatte sie sich ebenfalls in der Küche eingefunden. Er sah sie zerstreut an, ohne ihr zu antworten, und betrachtete daraufhin mich, obwohl ich mich sehr im Hintergrund hielt. Dann schenkte er mir ein strahlendes und offenes Lächeln. Annie, verblüfft und vielleicht auch beleidigt, brach ihre Flirtnummer sofort ab und verließ den Raum.

Wenn er spielte, war Jacques ausgesprochen professionell und aß gemeinsam mit dem Filmteam. Alle, die ihm bedingungslos verfallen waren, wie ich, waren sehr geschmeichelt, ihn als Tischnachbarn zu haben, aber zu schüchtern, ihn anzusprechen. Schüchtern war wohl auch er.

An diesem Morgen allerdings sprudelte es nur so aus ihm heraus. Es ging um eine Frau, die ihn verletzt oder ungerecht behandelt hatte, das wurde nicht deutlich. Er hatte sie geliebt, sie hatte ihn verlassen, er fürchtete, »zu krepieren daran«. Hin und wieder schaute er mich an, die ihm voller Anteilnahme zuhörte, oder die immer noch regungslos am Herd lehnende Frau.

Dann schlugen seine Klagen in Wut um. Er sprach nicht mehr von der, die ihm so wehgetan hatte, sondern von den Frauen im Allgemeinen. In den Beleidigungen und der Niedertracht, die er allein noch für sie übrig hatte, zeigte sich eine Menschenfeindlichkeit, die mich schockierte, selbst wenn ich diese Verbitterung aus einigen seiner Chansons kannte. Er muss mir die Überraschung angesehen haben.

»Oder etwa nicht?«, fragte er, sich zu mir umdrehend.

»Aber ... wie können Sie so was vor mir sagen? Ich bin eine Frau!«

Einen Augenblick lang musterte er mich schweigend. Sein Zorn schien verflogen, er war mit den Gedanken weit weg.

»Nein«, sagte er schließlich, in einem anderen Tonfall. »Du gehörst nicht zu den Frauen, du bist keine Frau.«

Diese Behauptung machte mich sprachlos. Es schwirrte in meinem Kopf: Wenn ich keine Frau war, was denn dann? Er reichte mir die Hand über den Tisch.

»Du bist ein Mensch. Und außerdem, vergiss den ganzen Unfug, den ich daherrede; der Frühling ist schuld, er versetzt mich in eine sonderbare Laune.«

Ja, es war Frühling, und ein prächtiger, so strahlend und warm, wie ich noch keinen erlebt hatte. Oder wenigstens nicht bewusst. Doch ich empfand ein bekanntes Gefühl von Euphorie, das kindliche Vertrauen auf eine glückliche Zukunft voller Entdeckungen. Ich wusste allerdings, dass es nicht von Dauer sein würde, dass ich es rasch ausnutzen sollte. Abseits des Drehorts setzte ich mich in ein Feld, den Rücken an einem blühenden Kastanienbaum, und genoss den Duft der am Vortag gemähten Wiese, des Flieders, den Gesang der endlich heimgekehrten Vögel. Wie lange schon hatte ich mich diesem so einfachen Genuss nicht hingegeben, der Nähe zur Natur? Seit unserer Hochzeit vor noch nicht einmal einem Jahr war alles so schnell gegangen; Jean-Luc und ich hatten so viel erlebt ...

»Was wälzt du dich in deinem historischen Kostüm im Gras? Du weißt, dass du es während des ganzen Films trägst? Mach, dass du aufstehst!«

Die Kostümbildnerin bürstete mir energisch den Rücken, den Po, die Beine ab. Mein langes und elegantes graues Belle-Epoque-Kleid musste noch am Abend gereinigt werden. Sie rauchte, wie häufig, einen Joint, was sie in durchgängig gute Laune versetzte.

Als ich heimkam, war Jean-Luc schon da. Doch er war nicht allein. Auf einem unserer beiden Liegesofas fläzte sich ein junger Mann, ein Bier in der Hand. Wie alle jungen Männer damals hatte er zu lange und zu fettige Haare, Jeans und Jacke waren zerknittert, das weiße T-Shirt von zweifelhafter Sauberkeit. Im Allgemeinen regte mich diese wie eine Uniform vor sich hergetragene, absichtliche Nachlässigkeit auf, und ich musterte den Neuling ohne jede Sympathie.

»Hallo, Kameradin«, rief er, ohne sich regen.

Noch dazu hatte er eine dröhnende Stimme.

»Jean-Jock«, beeilte sich Jean-Luc zu ergänzen.

Und, um die Vorstellungsrunde abzuschließen:

»Anne, meine Frau.«

»Na hörma', Jean-Luc, du weißt doch, dass ich *Die Chinesin* mehrmals gesehen hab'!«

Er sprach zu laut und so, wie er es wohl für »proletarisch« hielt; dass er an einen Pariser Straßenjungen erinnerte, machte ihn mir etwas sympathischer. Ich ließ die beiden allein und ging hinauf in unser Schlafzimmer, um mich umzuziehen und abzuschminken.

Von dort hörte ich ihr Lachen. Sie schienen glücklich über ihre Zusammenkunft und wirkten sehr vertraut. Seit wann kannten sie sich? Es sprach vor allem besagter Jean-Jock, und die Redepausen Jean-Lucs überraschten mich: Es war ungewöhnlich, dass er sich zurückhielt, normalerweise musste ihm das letzte Wort gehören. Das machte mich neugierig, und ich ging wieder zu ihnen hinunter. Jean-Luc erklärte mir:

»Jean-Jock ist überzeugt davon, dass die Streiks an der Sorbonne und in Nanterre auf alle Universitäten übergreifen werden, dass auch die Oberschüler und die Arbeiter sich bald anschließen.«

»Wir stehen am Vorabend der Revolution!«, fügte Jean-Jock hinzu.

Was eine Ausdrucksweise! Ich sah die beiden an, ohne zu verstehen, woher ihre Begeisterung rührte, die Selbstsicherheit des jungen Mannes, die Bewunderung, die ihm der Ältere entgegenbrachte. Dass ich nicht reagierte, überraschte Jean-Jock:

»Hast du etwa Zweifel daran, Kameradin?«

Wieder regte ich mich auf.

»Zuerst mal, nennen Sie mich nicht dauernd ›Kameradin‹; und außerdem brauchen wir uns nicht zu duzen, wir kennen uns kaum.«

Ein Satz hatte genügt, um ihn durcheinanderzubringen. Jean-Jock hatte sich in einen kleinen Jungen verwandelt, der mich mit bettelndem Hundeblick ansah. Ich vermutete, dass er auf seine Art versuchte, charmant zu sein, und das machte ihn menschlicher.

»Na gut, einverstanden, duzen wir uns.«

Worauf er, immer noch wie ein kleiner Junge, ausgelassene Freude mimte, sogar auf allen Vieren einen Hund imitierte. Seine Cockerspaniel-Augen waren so glaubwürdig, dass ich fast losprustete: Auf einmal waren wir nicht mehr am Vorabend der Revolution, sondern in einem Walt-Disney-Film! Mir fiel ein, dass wir mit Bambam und Rosier zum Abendessen in der Brasserie Balzar verabredet waren. Jean-Luc, den Jean-Jocks Auftritt ebenfalls amüsiert hatte, blies zum Aufbruch:

»Gehen wir, man darf sie nicht warten lassen«, rief er in seinem schweizerischen Akzent, um mich aufzuheitern.

Im Treppenhaus und dann in der Rue Saint-Jacques sang Jean-Jock aus voller Kehle:

Je suis franc et sans soucis,
Ma foi, je m'en flatte!
Le drapeau rouge que j'ai choisi
Est rouge écarlate.
De mon sang, c'est la couleur
Qui circule dans mon cœur.
Vive la Commune!
Enfants!
Vive la Commune!

»*Vive la Commune! Enfants!*«, legte Jean-Luc nach.

Amüsiert und berührt schaute er ihm hinterher. Er war sichtlich von der Jugend Jean-Jocks eingenommen, schien fast väterliche Gefühle zu hegen, wie sie bisher Jean-Pierre Léaud vorbehalten gewesen waren. Ich sprach ihn darauf an.

»Jean-Jock ist Aktivist, Jean-Pierre nur Künstler.«

Noch bevor ich weitere Fragen stellen konnte, erklärte er mir, dass sein neuer Freund, der erst vor Kurzem Abitur gemacht hatte, sich schon im Lycée jahrelang engagiert habe. Er schlug nicht aus der Art: Sein Vater war im Zweiten Weltkrieg als Kommunist in der Résistance gewesen, seine Mutter hatte während des Algerienkriegs die Hilfsnetzwerke für den FLN unterstützt.

»Sicher ist sie unserem Freund Francis Jeanson begegnet, hat vielleicht sogar mit ihm zusammengearbeitet.«

Unser Freund Francis Jeanson? Wir hatten schon seit Monaten keine Neuigkeiten mehr von ihm und der kulturellen Bildungsarbeit, die er seit einem Jahr mit dem Théâtre de Bourgogne in Chalon leistete. Auch wir hatten uns nicht bei ihm gemeldet, unsere Reisen und Aktivitäten hatten uns zu sehr eingenommen.

»Ich frage mich, wie Francis einordnet, was gerade an den Universitäten vor sich geht.«

»Wenn du ihn fragen würdest, wäre seine Antwort ...«

»Denk schärfer nach.«

Das war Francis' Lieblingssatz, und wir hatten ihn oft damit geneckt. Dass wir ihn nun unisono wiederholten, brachte uns zum Lachen, und ich freute mich über diese wiedergefundene Komplizenschaft. Am kommenden Wochenende würden wir ihn anrufen oder ihn, besser noch, in Chalon überraschen. Jean-Luc schien plötzlich das drängende Bedürfnis zu verspüren, den abgebrochenen Kontakt wieder aufzunehmen.

Auf Höhe des Square Paul-Painlevé verschlug uns der Blick auf die von der Polizei umstellte Sorbonne die Sprache. Kurzzeitig hatten wir wirklich vergessen, was in Paris gerade los war an diesem 4. Mai 1968; ein entsetzlicher Anblick. Die behelmten, mit Schilden und Knüppeln bewaffneten Polizisten wirkten beängstigend. Weiter oben, bei der Rue Saint-Jacques, und etwas entfernter, rund um die Rue des Écoles, in Richtung der Metrostation Maubert und des Boulevard Saint-Michel, stellten sich die Studenten in Gruppen zusammen. Einige skandierten hasserfüllte Parolen, die nicht immer von anderen übernommen wurden. Sie und die Polizisten standen sich in sicherem Abstand gegenüber, der gewahrt zu werden schien. Noch jedenfalls.

Jean-Luc war davon wie hypnotisiert und näherte sich den Polizisten – ganz allein, die geballten Fäuste vor der Brust, als wolle er sich vor den Schlägen schützen, die er als Antwort auf seinen Angriff zu erwarten hätte. Er ähnelte einem Boxer in einem amerikanischen *film noir* oder einem Samurai in einem japanischen Film. Mit aller Kraft zog ich ihn in Richtung der Brasserie; sein Auftreten machte mir ebenso Angst wie jenes der seltsam unbeeindruckt aussehenden Polizisten. Jean-Luc ließ mich murrend gewähren.

Im Balzar ging es zu wie immer: Kellner in weißen Schürzen eilten geschäftig herum, und die Gäste besprachen die Ereignisse auf der Straße nur als Teil ihres allgemeinen Geplauders. Die Brasserie war eine ruhige Insel mitten im Quartier Latin und sollte es bleiben.

Bambam und Rosier erwarteten uns bereits auf ihrem Stammplatz im hinteren Teil des Lokals, unweit der

Kasse. Bambam saß entspannt auf der Sitzbank, Rosier war sehr aufgedreht.

»Achtung, Achtung!«, rief sie, »Jean-Luc ist mies drauf, ihm gefällt es nicht, in einem Restaurant zu speisen, während die Polizei nebenan die Sorbonne belagert!«

»Jaja, genau.«

Er setzte sich auf den Stuhl neben Rosier, während ich auf der Bank neben Bambam Platz nahm, ihn mit einer Umarmung begrüßte. So hätte ich es auch gerne mit Rosier gemacht, aber sie war schon in ein Gespräch mit Jean-Luc verwickelt; voller Verve versuchte sie ihn zu überzeugen, dass das Balzar nicht unter Polizeischutz stand, worauf er kaum mehr als ein paar überforderte »Das kommt aufs Gleiche raus!« einwerfen konnte. Sie waren sich jedoch schnell einig über die Bedeutung der Studentenbewegung und deren Folgen. Und redeten dennoch aneinander vorbei. Wenn Rosier sagte: »Das ist alles so mitreißend!«, antwortete Jean-Luc in schulmeisterlichem Ton: »Die Frage ist nicht, ob es mitreißend ist oder nicht.« – »Aber Sie verstehen doch, was ich meine!« – »Nein, Rosier, wirklich nicht.« Und so weiter.

Ich bewunderte Rosier für ihre klaren Überzeugungen und den Mut, mit dem sie dafür eintrat. Manchmal wurde sie von ihrer Erregung überwältigt; Jean-Luc passierte das auch oft, aber er hatte deutlich mehr Erfahrung mit solchen Wortgefechten. Er schätzte sie, selbst wenn sie ihm wie an diesem Abend auf die Nerven fiel. Sie waren etwa gleich alt. Für mich war sie Mutter und ältere Schwester zugleich, ein Vorbild.

»Meinst du, sie machen noch lange so weiter?«, fragte Bambam leise.

Bambam war das Gegenteil von Rosier: besonnen, zurückhaltend, sehr verführerisch und ein großer Verführer, mit einem bemerkenswerten Sinn für den kleinen witzigen Kommentar, den es brauchte, um in eine Diskussion einzusteigen. In solchen Momenten ließ Jean-Luc sich bereitwillig unterbrechen. Sie schätzten sich und waren per Du. Eines Tages hatten sie zufällig festgestellt, dass sie als Kind beide Pfadfinder gewesen waren, der eine in Frankreich, der andere in der Schweiz.

Der Fahrtenname Bambams war »Bohème-Känguru«, Jean-Luc hieß »kämpferischer Sperling«. Rosier, Michel Cournot und ich waren zu dem Schluss gekommen, dass die Namen von zeitloser Poesie waren.

Die Diskussion zwischen Jean-Luc und Rosier hatte sich zwischenzeitlich abgekühlt, wir sprachen über dieses und jenes und achteten gleichzeitig auf die Geräusche, die aus Richtung der Rue des Écoles herüberdrangen. Nichts ließ darauf schließen, dass die Kämpfe an diesem Abend fortgesetzt würden. Wir hörten nur das übliche Autorauschen auf dem Boulevard Saint-Michel und den regelmäßig auf der gegenüberliegenden Straßenseite haltenden Bus Nummer 63.

Ich berichtete von meinem Drehtag, davon, wie beharrlich Bruno Cremer mich für unfähig erklärt hatte und wie ich von Jacques Brel erfahren hatte, ich sei keine Frau. Ich hatte geglaubt, sie damit erschüttern zu können, doch weit gefehlt. Rosier und Bambam fanden es ziemlich lustig, und Jean-Lucs Gedanken schweiften ab.

»Bei dem Namen Cremer muss ich an den Flop vom letzten April denken ...«

Mehr sagte er nicht.

Auf die Initiative einer englischen Produzentin, die unbedingt einen Film mit Godard und den Beatles machen wollte, waren wir nach London gereist. Er hatte sogar schon eine Ausgangsidee skizziert: Einer jungen Frau – mir – gelang es nicht abzutreiben, und sie versuchte sich umzubringen, indem sie sich vor ein Auto warf. Doch weh – bei jedem Versuch saß einer der Beatles am Steuer eines Rolls Royce, und die Sache ging schief. Wie es weitergehen sollte? Jean-Luc hatte noch keine Idee, hoffte aber auf die Beatles als Inspirationsquelle. Wir verehrten sie und hörten ihre neueste Platte in Dauerschleife, *Sgt. Pepper's Lonely Hearts Club Band.*

Ein Treffen in der Abbey Road wurde vereinbart, mit John Lennon und Paul McCartney. Ersterer war ausgesprochen abweisend, unzugänglich für alle Vorschläge der engagierten Produzentin. Er war mit dem Kopf woanders und wollte das Treffen offenbar nur so schnell wie möglich hinter sich bringen. McCartney hingegen war die Herzlichkeit in Person, begeistert von der Idee, mit Godard zu drehen, dessen Filme er verehrte, »das ganze Werk«. Weil das Gespräch sich hinzog, stand John Lennon auf und verließ wortlos den Raum, ohne auch nur aufzublicken. »Kommt morgen wieder«, sagte McCartney versöhnlich. »John hat einen seiner schlechten Tage. Aber ich werde mit ihm sprechen und hoffe, dass er dann kooperativer ist.«

Jean-Luc schüttelte die Produzentin ab, indem er vorgab, müde zu sein, und wir spazierten durch Londons fröhliche und belebte Straßen. Er war bester Stimmung. »Dieses bescheuerte Projekt wird nie etwas werden«, sagte er. »Aber ich habe eine andere Idee, eine viel bessere!«

Er erinnerte mich daran, dass Robert Benton und David Newman, die Drehbuchautoren von *Bonnie und Clyde*, François Truffaut und ihn besucht hatten, um ihnen ein neues Drehbuch namens *Die Ermordung Trotzkis* vorzustellen. François hatte das Projekt sofort abgelehnt, er fühlte sich nicht in der Lage, ein Thema zu behandeln, das so jenseits seines Erzähluniversums lag; dies sei ein Projekt für Jean-Luc. Und der war in der Tat interessiert. Das Drehbuch hatte ihn überzeugt, ebenso der Enthusiasmus und die Cinephilie der beiden Amerikaner. Unter strengster Geheimhaltung hatte Michel Cournot ihm am Vortag eine erste Schnittfassung der *Gauloises bleues* vorgeführt. Keiner würde je erfahren, was er von dem Film hielt, aber das Spiel Jean-Pierre Kalfons, Bruno Cremers und Nellas, der Hauptdarstellerin, hatte ihn begeistert. Er sah es schon vor sich: Cremer als Mörder Trotzkis, ich dessen Ehefrau, Nella die Frau Trotzkis. Doch wer sollte Trotzki spielen? Da war ihm niemand eingefallen. Die beiden Drehbuchautoren hatten eingeworfen, dass Cremer, Nella und ich nicht berühmt genug seien, dass man für die Amerikaner einen echten Star brauche.

So weit der Stand der Dinge bis zum Treffen in der Abbey Road. »John Lennon spielt Trotzki! Da führt kein Weg dran vorbei, oder?« Wir hatten die halbe Nacht damit zugebracht, verschiedene Pläne zu schmieden. Selbst Dreharbeiten in Mexiko schreckten Jean-Luc nicht ab. Seit *Die Chinesin* hatte er keine solche Lust mehr gehabt, einen Film zu drehen.

»Warum denkst du an den Flop im April?«

Er schwieg noch immer, Bambam und Rosier warteten ab, dass er mehr erzählte. Erst meine Frage holte Jean-Luc wieder in die Gegenwart.

»Weil ich mich frage, was du mit Paul McCartney unterm Tisch getrieben hast!«

Ich begriff, dass er auf unser zweites Treffen im Studio anspielte, das noch unglücklicher verlaufen war als das erste. Jean-Luc hatte John Lennon begeistert von seiner Idee erzählt. Sie würden zusammen einen wirklich revolutionären Film drehen, den ersten überhaupt. Es sprudelte nur so aus ihm heraus, und die Produzentin, selbst überrascht von der Wendung, die ihr Projekt genommen hatte, kam mit dem Dolmetschen kaum hinterher. Doch rasch unterbrach Lennon sie mit schriller Stimme und wutverzerrtem Gesicht und ließ seinerseits einen ganzen Wortschwall folgen. Als ein Tablett mit Tee, Biskuitkeksen und kleinen Sandwiches serviert wurde, verkündete Paul McCartney fröhlich: »Ich lade die Gemahlin des Regisseurs zum Tee ein, und zwar unter dem Tisch.« Er hob das Tischtuch an und schlüpfte darunter. Ich schloss mich an, als sei es das Normalste der Welt – und das war es in dieser seltsamen Situation auch. Wir saßen einander im Schneidersitz gegenüber, unsere Teetassen in der Hand, und kommentierten leise und in einem aberwitzigen französisch-englischen Kauderwelsch die wilden Beinbewegungen unserer Freunde. Die Beine Jean-Lucs und John Lennons stampften auf den Teppich, um ihnen auszuweichen, rückten wir enger zusammen. Die Produzentin trug einen Minirock, sie schlug ihre Beine abwechselnd über Kreuz und auseinander. Über unseren Köpfen hatte sich der Ton verschärft. John Lennon und Jean-Luc begannen sich anzuschreien. »Ich glaube, das war es«, sagte Paul, und angesichts meiner Enttäuschung: »Wie schade, das Projekt deines Mannes klang sehr gut ... richtest du ihm das aus?« Dann kam er unter dem Tisch hervor und schwenkte ein weißes Taschentuch. »Schluss mit der Streiterei!«, rief er und half mir mit der anderen Hand auf. Und dann war alles aus. John Lennon verließ türknallend den Raum, gefolgt von Paul McCartney, der immer wieder beteuerte: *»I am sorry, so sorry …«*, und wir standen draußen. Die Produzentin war den Tränen nahe und wiederholte unaufhörlich ihr »Ich versteh's nicht, ich versteh's nicht«, während Jean-Luc mir eine böse Eifersuchtsszene machte: »Was hast du unter diesem Tisch getrieben?«

»Ich habe mit Paul McCartney Tee getrunken.«

»Das hast du mir schon im April geantwortet, in London.«

Er wandte sich an Bambam und Rosier:

»Findet ihr das etwa auch normal?«

Rosier ereiferte sich wieder, während Bambam noch etwas mehr auf der Bank zusammensank.

»Na klar«, sagte sie und lachte überdreht, »klar ist es normal, unter dem Tisch mit Paul McCartney Tee zu trinken. Das ist ja eine der wichtigsten Forderungen der Studenten.«

»Autsch, ich hab' Rückenschmerzen, ich muss nach Hause und mich hinlegen!«

Bambam hatte immer irgendwo Schmerzen, meistens am Rücken. Diesen Umstand stellte niemand infrage, aber wir wussten auch, dass er sie vor allem einsetzte, um unangenehmen oder lästigen Situationen ein Ende zu bereiten. Jean-Luc hielt das für einen amüsanten Charakterzug.

»Wenn Bambam Schmerzen hat …«

Er hatte sich beruhigt. Wie häufig war sein Zorn so rasch verflogen, wie er gekommen war.

»Mir wird gerade klar, dass ich froh bin, keinen Film über Trotzki oder die Beatles zu drehen. Das erleichtert mich. Ich will keine Kinofilme mehr machen«, sagte er.

Rosier zuckte mit den Schultern und verlangte die Rechnung, während Bambam zum Ausgang ging. Ohne uns abgesprochen zu haben, taten wir alle drei, als sei es eine seiner üblichen Launen.

Draußen war die Lage unverändert. Noch immer war die Sorbonne von einer Polizeikette umstellt. Es waren allerdings weniger Studenten zu sehen. »Sie halten wohl eine Vollversammlung ab, um den morgigen Tag vorzubereiten«, sagte Jean-Luc, er schien etwas neidisch, von diesem Abenteuer ausgeschlossen zu sein. Ich hingegen lauschte dem Gesang der Amseln und dem Geschrei der Mauersegler rund um den Square Paul-Painlevé und die Kirchgärten. Es dämmerte schon, und sie stimmten ein letztes, lautstarkes Getöse an. Es hätte ein glücklicher Moment sein können, er wurde mir jedoch verdorben von den vielen Polizeiautos, die an jeder Kreuzung rund um unsere Wohnung standen wie im Hinterhalt. Allein schon ihr Anblick wirkte bedrohlich.

Am Fuß der Treppe schlang ich meine Arme um Jean-Lucs Hals: »Ich bin müde, bitte trag mich nach oben.« Aus Prinzip wies er mich ab, ich bettelte wie ein verwöhntes Kind, und schließlich lenkte er ein. Er war stark, muskulös wie ein Sportler und stolz darauf, mir zu beweisen, wie leicht er die vier Etagen nahm.

Als wir die Wohnung betraten, klingelte das Telefon. Jean-Luc hob in seinem Büro ab. »Deine Mutter!«, rief er und hielt mir den Hörer hin. Mein Bruder war noch nicht daheim, und sie machte sich Sorgen: War er bei uns? Nein, ich hatte nicht die leiseste Ahnung, wo er steckte. Immerhin ließ sie sich etwas beruhigen, als ich versicherte, das Quartier Latin erscheine trotz der hohen Polizeipräsenz friedlich. Schließlich versprach ich ihr fest, Pierre auf jeden Fall von ihrem Anruf zu erzählen und ihn sofort heimzuschicken, sollte er sich melden. »Pierre weiß, wo was los ist, genau wie Jean-Jock«, sagte Jean-Luc und schaute wieder wie ausgegrenzt und von allen zurückgelassen.

Als wir dann endlich im Bett lagen, nahm er mich zärtlich in den Arm, und alle Sorgen waren für einen Augenblick vergessen. »Jacques Brel hat Recht: Du bist nicht *eine* Frau, du bist *meine* Frau.« Worauf er, wie so oft, augenblicklich einschlief. Ich beneidete ihn darum, übergangslos in tiefen Schlaf fallen zu können. Mir fiel das schwerer, die Schlaflosigkeit lag wie ein Fluch auf mir seit dem Tod meines Vaters, als ich fünfzehn Jahre alt war. Ich hatte mir angewöhnt, immer Schlafmittel in Reichweite zu haben. Doch ich beobachtete auch gern den schlafenden Jean-Luc. Ohne Brille zeigte sein entspanntes Gesicht eine Unschuld, ein unerwartetes Glück, das mich tief berührte. Einmal hatte ich ihn in diesem intimen, selbstvergessenen Moment fotografiert, und er war erstaunt, als er den Abzug sah: »Bin ich das etwa?« – »Ja, Jean-Luc, das bist du.«

»Aufstehen, Murmeltiere!«

Jean-Luc hatte die Läden zu unserer kleinen Terrasse geöffnet, und helle Maisonne erfüllte unser Zimmer. Er stellte ein Tablett auf das Bett, darauf eine Schale Nescafé und ein sorgsam mit Butter bestrichenes Brot. Ich wollte nicht aufstehen und vergrub mich in den Kissen. Ich wusste schon, was jetzt kam: Sämtliche Tageszeitungen landeten auf dem Bett. Jean-Luc brachte sie gemeinsam mit dem Frühstückstablett – das war zu einem Ritual geworden. Er war schon lange wach und voller Energie. Bei Kaffee und Croissants hatte er in der nächstgelegenen Bar die Zeitungen durchgeblättert. Ohne diese Morgenlektüre nahm er keinen Tag in Angriff. Die Kioskbesitzerin in unserer Straße, die auch einige Schreibwaren und Bücher führte, hatte ihn sofort ins Herz geschlossen und festgestellt, dass er ihr bester Kunde sei. Außer der Tagespresse kaufte Jean-Luc auch alle Zeitschriften bei ihr, außerdem Kugelschreiber, Filzstifte, Radiergummis, Hefte und Papier. »Ach, Monsieur Godard, Sie sind so berühmt und bleiben trotzdem immer höflich und bescheiden!«, pflegte sie zu sagen. Schon bald bewahrte sie unsere Schlüssel auf, nahm Päckchen und sogar Nachrichten für uns an.

»Aufstehen, Murmeltiere, habe ich gesagt!«

Schließlich öffnete ich die Augen, seine gute Laune und das ins Morgenlicht getauchte Zimmer hatten mich überzeugt. Als ich es mir mit Kissen im Rücken und einem Nescafé in der Hand bequem gemacht hatte, sah ich, dass er außerdem ein Kofferradio bei sich trug.

»Das habe ich vorhin gekauft. Wir können nicht mehr auf Europe 1 und Radio Luxembourg verzichten, deren Journalisten sind großartig, sie mischen sich überall unter! Durch sie wissen wir, was los ist!«

»In dem Fall nehme ich eine zweite Tasse Nescafé.«

Ich machte eine verblüffende Entdeckung: Auf den Titelseiten aller Zeitungen prangte ein Foto von Dany, meinem anarchistischen Kameraden aus Nanterre, der aus mir eine aktive Revolutionärin hatte machen wollen und gleichzeitig in den Fluren mit mir angebandelt hatte, indem er johlte: »Solidarität unter Rothaarigen!« Ein fröhlicher, strahlender Dany rief da zur großen Mobilisierung auf. In den vielen Artikeln las ich, dass er die Demonstrationen am 22. März in Nanterre angeführt hatte und gemeinsam mit sieben anderen Studenten vor Gericht erscheinen sollte. Und ich hatte Dominique, Jean-Pierre und ihn für drei Luftikusse gehalten!

Ich ging hinunter zu Jean-Luc, um ihm meine Entdeckung zu zeigen, und er war fast so überrascht wie ich. Auch wenn er ihn nie getroffen hatte, erinnerte er sich sehr gut an meine Erzählungen. Er hatte mich in *Die Chinesin* sogar einen Aufruf zum Boykott der Universitätsexamen vorlesen lassen, »Ursache von Neurosen und sexuellem Frust«. Das Flugblatt war mit »die Anarchisten« unterschrieben, für Jean-Luc ging das noch als maoistisch durch.

Etwas später erfuhren wir aus dem Radio, dass vier der Demonstranten des 3. Mai zu Gefängnisstrafen verurteilt worden waren. Dany war nicht darunter.

Ich musste erst nachmittags drehen und stieß während der Mittagspause zum Filmteam von *La Bande à Bonnot*. Einige kommentierten die jüngsten Meldungen begeistert, andere blieben gänzlich ungerührt, und manche lachten darüber nur höhnisch – besonders unser Regisseur Philippe Fourastié, dessen Assistent und Bruno Cremer. »Diese kleinen Idioten, die sich für Revolutionäre halten«, sagte der eine. Darauf der andere: »Man merkt, dass die nicht in Algerien gekämpft haben.« Mehr hatten sie auch Armand nicht zu erwidern, den die Studentenrevolte mitriss. Ich wunderte mich mit leiser Stimme über diese strikte Diskussionsverweigerung, und Armand antwortete mir ebenso leise, aber mit ironischem Unterton: »Was erwartest du, das ist die Truppe um Pierre Schoendoerffer, die haben *Die 317. Sektion* gedreht. Echte Kerle halt!« Noch gab es keinen offenen Streit, doch etwas war anders – eine gewisse Ungezwungenheit war verschwunden.

Am folgenden Tag, dem 6. Mai, gewann alles an Fahrt.

Schon morgens erfuhren wir von der Vorführung Danys und sieben seiner Genossen vor der Disziplinarkommission der Universität Nanterre. An Unis in ganz Frankreich kam es zu Streiks und Demonstrationen. Am frühen Nachmittag brachen neue Proteste im Quartier Latin aus; ich drehte nicht an diesem Tag und zog mit Jean-Luc los. Es war bewegend, mittendrin zu sein, unter all den jungen Menschen auf dem Boulevard Saint-Germain. Zunächst hörte man verschiedene Parolen, die nur gelegentlich wieder aufgegriffen wurden, doch alle gemeinsam skandierten: »Befreit unsere Kameraden!« Die Studenten, die als Ordner eingeteilt waren, bildeten Reihen entlang des Protestzugs, was mich beruhigte. Dann flogen von allen Seiten Beschimpfungen in Richtung der zahlreichen Polizisten, die entschlossen schienen, uns keinen Zentimeter vorrücken zu lassen. Kurz darauf griffen sie an, wir flüchteten in die angrenzenden Straßen; während dieses wilden, unkoordinierten Rückzugs bemerkte ich, wie viel Angst ich hatte. Eine Angst, die mich nie mehr verlassen sollte.

Jean-Luc hingegen kannte keine Angst. Die Brutalität der Polizei gegen die Demonstranten machte ihn fuchsteufelswild. Ohne Zögern schloss er sich den Gruppen an, die sich erneut an verschiedenen Orten formierten und ihrerseits angriffen. Er brüllte lauter als alle anderen, und die Heftigkeit, mit der er Polizisten, die Regierungsmitglieder und die wichtigsten Gewerkschaftsführer beschimpfte, zog einige Aufmerksamkeit auf sich. Ich kam kaum hinterher, flehte ihn an, mit mir nach Hause zu gehen, doch er hörte nicht auf mich. Völlig außer Atem gingen wir gelegentlich in ein Café, um etwas zu trinken und zu verschnaufen; keines war geschlossen, kein einziges Eisengitter heruntergelassen. Die Ladenbesitzer und Anwohner waren entsetzt über die Brutalität der Polizei und unterstützten die sich zu ihnen flüchtenden jungen Leute.

Bei einem weiteren Zusammenstoß und der anschließenden Flucht unweit des Panthéon, in der Rue Soufflot, blieb Jean-Luc mit dem Fuß in einem umgerissenen

Abfalleimer hängen und fiel der Länge nach auf den Bürgersteig. Ich half ihm auf. Er war nur leicht benommen, aber seine Brillengläser waren zerbrochen. Ein Desaster: Ohne seine Brille war er praktisch blind. Er bekam einen Wutanfall und verlangte, dass ich ihm ein Taxi zu seinem Optiker auf den Champs-Élysées riefe. Aber welches Taxi? Und woher? Er ärgerte sich über sein eigenes konfuses Verhalten, und wir standen da wie zwei Idioten; die nach allen Seiten davonstürmenden Studenten rempelten uns an. Kurz darauf traf die Polizei ein, und wir mussten uns dringend in Sicherheit bringen. Zum Glück waren wir nicht weit von der Rue du Tournon Nummer 20 entfernt. Ich führte ihn wie einen Blinden zu dem Haus, erschöpft von seinem Geschimpfe. Ungerechterweise machte ich ihn für die Angst verantwortlich, die mich noch immer im Griff hatte.

Bambam öffnete die Tür und ließ uns eintreten, nicht im Geringsten überrascht. Er überblickte die Lage sofort und machte einen Vorschlag: Nebenan bereitete Rosier gemeinsam mit ihrem jungen Assistenten die neue Kollektion vor. Dieser besaß eine Vespa, möglicherweise könnte er sich zwischen Demonstranten und Polizisten zu den Champs-Élysées durchschlängeln. Letztlich musste er nur die Seine überqueren und es zurückschaffen.

Der junge Assistent notierte die Adresse des Optikers, nahm die Brille an sich und versprach, sein Bestes zu geben. »Bring gleich zwei Brillen mit!«, rief ihm Rosier hinterher, während er schon mit Schwung die Treppe nahm. Und an Jean-Luc gerichtet:

»So ein Zwischenfall könnte nochmal vorkommen, besser, wir stellen uns darauf ein.«

»Ein Zwischenfall ist das für Sie!«

»Ja, Jean-Luc, nur ein Zwischenfall, mehr nicht. Und jetzt beruhigen Sie sich, machen Sie es sich auf dem Sofa bequem, ich bereite uns einen Tee, und alles wird sich einrenken.«

Ich hatte mir eine Coca-Cola aus der Küche genommen und saß schon auf dem Sofa. Ich mochte ihre Wohnung sehr und hatte mich hier sofort zu Hause gefühlt: die außergewöhnliche Gastfreundschaft Rosiers, die modernen Möbel, das arrangierte Durcheinander aus Reisemitbringseln und bei Antiquitätenhändlern gehobenen wertvollen Schätzen; die großen Fensterfronten mit Blick in den Himmel; schließlich die drei ausgehungert von der Straße geholten Katzen, die sich zu wohlgenährten und anhänglichen Stubentigern entwickelt hatten. Aus der Ferne hörten wir die Sirenen der Polizei und, seltener, auch der Krankenwagen. Die meisten Kämpfe schienen sich in Richtung Maubert oder Boulevard Saint-Michel verlagert zu haben, denn wir hörten keine Parolen mehr. Ich hatte mich von meiner Angst erholt, und erst jetzt bemerkte ich mit Sorge, wie müde Jean-Luc plötzlich wirkte. Er reagierte kaum auf die Fragen Bambams und die verschiedenen Vorschläge Rosiers, die Witze und Wortspiele aneinanderreihte, um ihm ein Lächeln zu entlocken. Er jedoch wirkte erschöpft und hilflos, bat nicht einmal darum, das Radio anzustellen.

Der Assistent rief an. Beim Optiker konnte man die Gläser nicht sofort ersetzen, die beiden neuen Brillen seien nicht vor dem kommenden Vormittag fertig. Er sagte noch, der Hinweg über die Seine sei zwar ohne größere Schwierigkeiten abgelaufen, der Rückweg werde aber wohl schwieriger. »Mach Feierabend«, sagte Rosier, dann wandte sie sich an uns:

»Bekommt ihr nicht langsam Hunger?«

»Und ob!«

Jean-Luc hatte sich aufgerichtet. Seit dem Frühstück hatten wir nichts gegessen, dafür waren wir viel gelaufen, ja gerannt.

»Die Revolution macht Kohldampf!«

Mit einem Mal hatte er ein wenig zu seiner guten Laune und seinem Elan zurückgefunden. Die zerschlagene Brille verhinderte, dass er einen Kampf mit der Polizei auch nur in Erwägung zog.

»Und bei aller Sportlichkeit, zwanzig sind Sie auch nicht mehr«, stichelte Rosier.

»Sie aber auch nicht«, gab Jean-Luc lächelnd zurück.

Es war kurz nach 19 Uhr, und die Frage nach dem Restaurant stellte sich. Niemand von uns wollte ins Balzar gehen, jetzt, da die Sorbonne noch stärker von Polizei umstellt war. Wir wussten nicht, wo gerade Straßenkämpfe stattfanden. Von der Dachterrasse aus schien die Rue de Tournon friedlich.

»Das Méditerranée, neben dem Théâtre de l'Odéon?«, schlug Rosier vor. »Es ist noch etwas früh, aber sie werden uns sicher bedienen.«

Bambam hüstelte nervös.

»Hm, warst du dort schon?«, fragte Jean-Luc ihn.

»Nein, aber wieso nicht?«

Ich hatte durch François und Claude Mauriac von diesem Restaurant gehört, sie aßen dort gerne zu Abend und bezeichneten sich als Stammgäste. Daher war es für mich ein ähnlich mythischer Ort, wie es auch die Bar du Pont Royal durch Sartre und die *Temps modernes* immer bleiben wird.

Das Restaurant war noch schöner, als ich es mir vorgestellt hatte, und sehr schick. Ich bewunderte die Wandfresken, die Fotos der Berühmtheiten. Jean-Luc nahm all diese Details nicht wahr – etwas ging ihm gegen den Strich.

»Ich glaube, das ist kein Ort für mich«, sagte er misstrauisch.

»Passend oder nicht, wir hatten nicht viel zur Auswahl«, antwortete Bambam versöhnlich.

Mit einer Geste hielt er mich an, meine offensichtliche Begeisterung vor einem Foto des überaus schönen Jean Marais neben Jean Cocteau etwas zu zügeln. Doch die Situation amüsierte mich. Jean-Luc war das Gegenteil eines Gourmets und aß nur, um satt zu werden. Je hässlicher das Restaurant, desto besser. Nur für mich hatte er seine Gewohnheiten geändert, ging nun öfters in Brasserien und hatte sich schließlich mit dem Balzar angefreundet.

Nur ein Pärchen aß schon zu Abend: ein betagter Herr und seine weniger alte Begleitung, eine stark geschminkte Frau mit platinblond gefärbter, unglaublicher Steckfrisur. Ansonsten war das Restaurant leer, und wir sechs gaben eine merkwürdige Gesellschaft ab. Jean-Luc nannte die beiden verächtlich »eine Schlampe und ihr Alter«. Rosier und Bambam zogen es vor, es zu überhören. Die Kellner standen bereit, und wir gaben die Bestellung auf.

Beim Essen war die Stimmung angespannt. Erneut hörten wir Polizeisirenen, ferne Explosionen und die Schreie der Studenten – zunächst noch undeutlich, doch die Straßenkämpfe schienen näher zu rücken. Jean-Luc war wieder sehr nervös, verfluchte seine zerschlagene Brille und hielt Rosier vor, uns in ein Luxusrestaurant geführt zu haben, während wir auf der Straße hätten sein sollen, mit den Studenten. Seine schlechte Laune verärgerte schließlich auch den friedliebenden Bambam so sehr, dass er ihm leise Vorhaltungen machte.

Plötzlich fand sich, rote Fahnen schwenkend, eine Studentengruppe auf dem Vorplatz des Théâtre de l'Odéon zusammen und brach kurz darauf in Richtung der Rue Racine auf, zum Boulevard Saint-Michel. Erstmals hörten wir zwei neue Parolen: »Das ist erst der Anfang, der Kampf geht weiter!« und »CRS, SS!«.

Im Vorbeilaufen stießen sie die Blumenkübel vorm Méditerranée um und hämmerten gegen die Fensterfront des Restaurants, als wollten sie die Gäste aufwecken. Obwohl nichts zu Bruch ging, sprang das Pärchen am Nachbartisch erschrocken auf, bereit, in die Küche zu flüchten. Als draußen Ruhe einkehrte, setzten sie sich wieder. Der Mann zitterte vor Furcht und Zorn. Lautstark richtete er sich an uns:

»Kleine Dreckschweine! Kleine Dreckschweine! Die gehören alle weggesperrt mit ihrer Revolution!«

»Oje!«, dachte ich, als ich sah, wie Jean-Luc erbleichte.

»Selbst Dreckschwein!«, schrie er. »Altes Dreckschwein!«

Der Mann stand auf, entsetzt und wütend. Er versuchte zu erkennen, woher die Beleidigung kam, und schrie mit krächzender Stimme und am ganzen Körper bebend:

»Wie können Sie es wagen? Ich war 1914 und 1940 im Krieg, Monsieur!«

»Wenn Sie noch leben, dann sind Sie ein Drückeberger, sonst wären Sie ja tot, wie Tausende andere! Ein Drückeberger sind Sie und nichts weiter, Monsieur!«

Der Mann verlor die Beherrschung, fluchte wie ein Kesselflicker und verlangte nach Unterstützung durch das Personal und den Maître d'hôtel. Offensichtlich war er Stammgast, man eilte rasch herbei. Rosier hatte eilig um die Rechnung gebeten und gezahlt. Uns war klar, dass es höchste Zeit war, Jean-Luc aus diesem überflüssigen Streit herauszuholen. Als wir das Restaurant schon fast verlassen hatten, ging er erneut auf das Pärchen los.

»Fressen Sie, altes Schwein, saufen Sie, Ihre alte Languste bumsen Sie dadurch nicht besser«, schrie er und zeigte mit dem Finger auf die arme Blondine.

Bambam zerrte ihn nach draußen.

»Das war unmöglich von dir«, sagte er entsetzt, »wirklich unmöglich!«

Rosier schien fast zu platzen. Und mir kamen beinahe die Tränen wegen dieses Hasses, der manchmal aus einem sehr dunklen Teil von Jean-Luc aufstieg, grundlos und unverständlich. Ich wollte mich verkriechen, Schutz suchen, egal wo, selbst bei meiner Mutter – aber ich konnte ihn ohne seine Brille nicht zurücklassen, während sich Polizei und Demonstranten im ganzen Quartier Latin verfolgten und bekämpften.

»Wir begleiten die beiden nach Hause«, sagte Bambam. »Wir können Anne nicht die ganze Verantwortung überlassen.«

»Ohne mich«, antwortete Rosier, »für heute Abend habe ich genug gehört. Aber passen Sie auf, dass Sie nicht zu lange brauchen, ich will mir nicht auch noch um Sie Sorgen machen.«

Sie machte auf dem Absatz kehrt, wortlos und ohne jede Geste der Freundschaft. Diesmal war keine Zeit, mich wieder einmal zu wundern, dass Bambam und Rosier sich nach all den gemeinsamen Jahren immer noch siezten; wie ein Kriegsherr wies Bambam in Richtung des Balzar.

»Da hinten wird anscheinend nicht gekämpft. Versuchen wir es ...«

Er ging schnell und aufrecht, vergaß seine Rückenschmerzen und seine übliche Gleichmütigkeit. Jean-Luc kam ruhig hinterher, fügsam und womöglich reumütig wegen seines Ausfalls gegenüber dem Pärchen im Restaurant.

Grüppchenweise kamen uns einige Demonstranten entgegen, gerade zogen sie sich zum Jardin de Luxembourg zurück. Sie bestätigten, dass man nun am Boulevard Saint-Germain kämpfte, besonders auf Höhe des Carrefour de l'Odéon, und dass es brutal zuging. Auch mein Bruder Pierre war unter ihnen. Er lief auf uns zu, verblüfft von dieser Begegnung und Jean-Lucs ungewohnter Erscheinung. Pierre bot an, uns weiter zu begleiten, und Bambam konnte heimgehen. Ich war ihm dankbar, dass er die peinliche Episode im Restaurant mit keinem Wort erwähnt hatte. Pierre verehrte Jean-Luc, und ich wollte nicht, dass das gute Bild, das er von ihm hatte, zerstört würde. Im Augenblick bemitleidete dieser sich selbst.

»Ohne deine Brille erinnerst du immer mehr an Buster Keaton ...«

»Wenn es dich glücklich macht ...«

Während wir recht problemlos in Richtung der Rue Saint-Jacques vordrangen, erzählte Pierre, was er erlebt hatte. Er war überall dabei gewesen, inmitten der Studenten, hatte Fotos mit der automatischen Kodak-Kamera gemacht, die er um den Hals trug. Ich erzählte ihm, wie überrascht ich war, als ich in der Zeitung gelesen hatte, dass Dany, mein anarchistischer Freund aus Nanterre, der Anführer der Bewegung des 22. März war.

»Wirklich? Der Typ, der immer bei uns angerufen hat und dem ich sagen musste, du seist nicht da?«

»Genau der. Kannst du dir das vorstellen?«

Pierre lachte vergnügt.

»Ich bin stolz auf meine Schwester. Nicht nur, dass sie mit Jean-Luc Godard verheiratet ist, nein, sie hat auch einen Revolutionsführer zum Freund, und dann noch einen, der echt sympathisch aussieht!«

An der Place Paul-Painlevé erlebten wir eine böse Überraschung. Dass so wenig Demonstranten in der Rue des Écoles, rund um die Sorbonne und das Balzar zu sehen gewesen waren, lag daran, dass die meisten Sicherheitskräfte am Boulevard Saint-Germain bereitstanden, auf Höhe der Kreuzung mit der Rue Saint-Jacques. Um nach Hause zu gelangen, mussten wir an ihnen vorbei.

Jean-Luc weigerte sich zunächst entschieden. Mein Bruder sagte ihm, wir hätten keine Wahl. »Sieh es als Spiel. Wir werden sie unterwandern wie Buck Danny die Japsen.« Jean-Luc verstand die Anspielung auf einen unserer Lieblingscomics aus Kindertagen nicht, doch die Vorstellung eines Spiels gefiel ihm.

Pierre trat freundlich an die nächstbesten Polizisten heran und erklärte ihnen, dass wir so rasch wie möglich nach Hause müssten, da sein Schwager ohne Brille nichts sehe. Die Polizisten baten, ebenso freundlich, um unsere Ausweispapiere. Für Pierre verlief alles problemlos, doch Jean-Luc und ich hatten nur unsere Schweizer Pässe dabei. Wir hatten keine Adresse darauf eintragen lassen, da wir zum Zeitpunkt unserer Hochzeit noch nicht wussten, wo wir uns niederlassen wollten. Nichts bewies, dass wir wirklich in Paris oder überhaupt in Frankreich lebten.

Es bedurfte einigen Verhandlungsgeschicks, bis sie uns glaubten, dass es sich bei dem erschöpften, leicht verwirrten Mann und seiner jungen Ehefrau wirklich um das berühmte Pärchen handelte, dessen Verdienste Pierre voller Überzeugung rühmte. Doch die Demonstranten waren ohnehin weit vor ihnen, auf Höhe der Straßenkreuzung vor dem Odéon, man hörte ihre in Megaphone gebrüllten Parolen: »Befreit unsere Kameraden«, »Das ist erst der Anfang, der Kampf geht weiter« und »CRS, SS!«. Wir bahnten uns einen Weg durch die Reihen der Polizisten, die einander die Order weitergaben: »Bitte passieren lassen.« Wir waren überwältigt von ihrer bloßen Anzahl. Mit ihren Schutzhelmen, Schilden und Knüppeln wirkten sie wie ernstzunehmende Krieger. Alle drei empfanden wir es – unterschiedlich stark – als Demütigung, gute Miene zum bösen Spiel machen zu müssen. Dennoch war ich erleichtert, den Straßenkämpfen entkommen zu sein, keine Panik mehr zu empfinden wie nachmittags und mich nach Hause flüchten zu können.

Wir hatten die Polizeitrupps gerade hinter uns gelassen, als ein weiterer Polizist unsere Papiere verlangte. Glücklicherweise erreichte auch ihn die Anweisung, uns durchzulassen, und er gab uns die Schweizer Pässe wieder. »Gehen Sie gleich morgen zur Botschaft und bringen Sie Ihre Papiere in Ordnung. Sie hatten heute sehr viel Glück.« Er wirkte bösartig und schien enttäuscht, uns nicht einbuchten zu können. Kaum waren wir an ihm vorbei, als Jean-Luc murmelte: »Was ein Fiesling!« Er drehte sich um und sah den Polizisten direkt an, als wolle er sich dessen Gesicht für immer einprägen – was ein Bluff war, denn er konnte nichts erkennen –, und rief ihm zu: »Man sieht sich immer zweimal!« Doch dann ließ er sich von Pierre und mir nach Hause führen.

In der Wohnung bat Pierre um unsere Pässe, außerdem um Füller und Tinte in der Farbe, mit der unsere Namen und Geburtsorte darauf eingetragen waren. »Ihr braucht eure Zeit nicht auf der Botschaft zu verschwenden. Ich werde eine Fälschung machen, das merkt niemand.« Ich hatte Vertrauen in meinen Bruder, denn ich wusste um seine Begabung auf diesem Gebiet, und Jean-Luc war begeistert, wie bei jeder Schwindelei. Ab jetzt würden wir uns nach Belieben in Paris bewegen können, in der Schweiz und der ganzen Welt.

Anschließend brach Pierre in die Rue François-Gérard auf. »Ich habe Mutter versprochen, bis Einbruch der Nacht daheim zu sein«, sagte er, auf einmal schlecht gelaunt, und wie um seine Ehre als Mann von neunzehn Jahren zu verteidigen, fügte er hinzu: »Aber das wird sich bald ändern!«

Tatsächlich dämmerte es schon. In den Gärten der Église Saint-Séverin feierten die Vögel den Einbruch der Nacht, unbeeindruckt von den dicht zusammenstehenden Polizisten an der Kreuzung. Jean-Luc streckte sich auf dem einen Liegesofa aus, ich auf dem anderen; wir hatten Europe 1 angeschaltet. Wir erfuhren mehr Details über den Ablauf des Geschehens.

Die Demonstration hatte friedlich begonnen, angeführt von Dany Cohn-Bendit, Alain Geismar, dem Generalsekretär der SNESup, und Jacques Sauvageot, dem

Präsidenten der UNEF. Niemand wusste, wer die gewaltsamen Konfrontationen provoziert hatte. Die Studenten beschuldigten die Ordnungskräfte, die wiederum die Studenten beschuldigten. Erstmals war von »unkontrollierbaren Elementen« die Rede, die sich unter die Demonstranten gemischt hätten, um Unruhe zu stiften. Die befragten Studenten sprachen von »durch die Polizei beeinflussten Provokateuren«. Der Reporter berichtete, wie auch bisher nicht politisierte Studenten angesichts der Polizeigewalt auf die Straße gegangen seien. Jetzt verstanden wir die neue Parole: »Das ist erst der Anfang, der Kampf geht weiter!«. Nun marschierten sie alle Seite an Seite. Der Journalist ließ sich mitreißen: Was ein Sieg für sie! Welche Niederlage für die Regierung!

Unvermittelt gab er an einen seiner Kollegen ab, der an der Place Denfert-Rocherau stand; hier hatte sich eine große Anzahl junger Leute zusammengefunden und Barrikaden errichtet, wie auch schon zuvor im Quartier Latin.

Die herbeigeeilten Ordnungskräfte griffen sofort an. Aber die Studenten hatten dazugelernt und konterten, indem sie Pflastersteine und Straßenschilder warfen, auch brennende Abfalleimer – alles, was sie in die Hände bekamen. So deutlich als wären wir vor Ort hörten wir Schreie, Anweisungen der Polizei, Schläge von Pflastersteinen auf Schutzschilde, Explosionen und die Sirenen der ersten Rettungswagen. Dank des Journalisten, der von einem Schauplatz zum nächsten eilte, um sich in Sicherheit zu bringen und zugleich im Zentrum des Geschehens zu sein, erlebten wir in Echtzeit diese erste Pariser Nacht der Gewalt.

In einem der wenigen ruhigen Momente vermeldete ein Studiojournalist das Gerücht, die Regierung wolle mit den Hauptanführern der Studentenbewegung verhandeln. Dann schaltete er wieder zu seinem Kollegen auf der Place Denfert-Rochereau, der ein kurzes Interview mit Dany hatte führen können. Dieser ging nicht darauf ein, ob an den Gerüchten etwas dran war, betonte aber, dass sie vor der Freilassung der eingesperrten Genossen sowie dem völligen Rückzug der Polizei aus dem Quartier Latin und – natürlich – der Sorbonne nicht verhandeln würden.

Es war sonderbar, Dany nun als Anführer zu hören, mit derselben Stimme, genauso ungestüm, genauso überzeugt wie letztes Jahr, und sofort seine Meinung zu teilen, obwohl ich mich bewusst von der Welt der Universität abgewandt hatte. Ich stellte mir Dominique und Jean-Pierre an seiner Seite vor. Wie hatte ich diese drei so aus den Augen verlieren können?

Die Nacht war schon lange angebrochen, und es war dunkel in der Wohnung als Jean-Luc vorschlug, schlafen zu gehen; ohne eine einzige Lampe anzuschalten, ohne uns für die Nacht fertig zu machen. Das Radio war aus, und wir lagen nebeneinander im Bett, warteten vergebens auf den Schlaf. Ich spürte, dass Jean-Luc, wie auch mir selbst, Tausende Gedanken im Kopf herumgingen – doch keiner von uns sprach sie aus, als könnten wir nach einem solchen Tag nur noch schweigen.

Aufstehen, Murmeltiere!«

Auf Jean-Lucs gewohnten Spruch folgte ein monströses Brüllen, sofort war ich hellwach.

»Aufstehen, Murmeltiere, hab ich gesagt, unten und oben!«

Voller Ärger fiel mir wieder ein, dass Jean-Jock nun schon die zweite Nacht in Folge im Salon übernachtete. In der ersten Nacht hatte Jean-Luc ihn zu uns eingeladen, nach der großen Demonstration zwischen der Place Denfert-Rochereau und der Place Étoile. Als er uns dort erspäht hatte, ließ er seine Freunde stehen und schloss sich uns an. Er kannte die letzten Neuigkeiten: Nun wollten auch die Schüler streiken; Jean-Luc war begeistert. Er sah Jean-Jock als Bindeglied zwischen sich und den Jugendlichen und nannte ihn immer wieder liebevoll »meinen Politkommissar«. Ich hatte mehr Vorbehalte; ich war ein Jahr älter als er und misstraute meinen Altersgenossen und ihrem leeren Gerede. Andererseits war ich ziemlich angetan von Jean-Jocks Fröhlichkeit und seinem unerschöpflichen Repertoire an revolutionären Liedern. Dass er dabei war, minderte das rein körperliche Unbehagen, das ich inmitten einer solchen Menschenmenge empfand. Und dass ich noch andere traf, die ich kannte, Film- und Theaterleute, Schauspieler, Regisseure und Techniker, machte mir bewusst, wie die Studentenbewegung wuchs und auch weitere Gesellschaftsschichten erreichte. Fröhlich begrüßte ich sie, während Jean-Luc, wie so oft, etwas Distanz hielt.

Wir waren über die Rue Saint-Jacques heimgekehrt, erschöpft vom stundenlangen Laufen; und nachdem sich Jean-Jock beklagt hatte, in der letzten Nacht kaum geschlafen zu haben, hatte Jean-Luc ihm angeboten, bei uns zu übernachten. Ich war verärgert, hatte mich aber damit abgefunden.

Am nächsten Morgen war ich früh aufgestanden, um zu den Dreharbeiten von *La Bande à Bonnot* aufzubrechen, und ließ Jean-Jock tief und fest schlafend auf dem Divan zurück. Er hatte lediglich Schuhe und Jacke ausgezogen, die auf dem Boden herumlagen.

Der Tag war anstrengend gewesen: Zwischen Befürwortern und Gegnern der Aufstände verschärften sich die Spannungen. So sah es offenbar an vielen Filmsets aus; bei uns wie anderswo dachten die Ersten über Streik nach. Das war mir vorher nie in den Sinn gekommen, aber die Vorstellung gefiel mir, und schnell schloss ich mich Arnaud an, der für »Solidarität mit den Studenten« plädierte. Das gefiel dem Regieassistenten und Bruno Cremer natürlich nicht. Philippe Fourastié wollte nur seinen Film zu Ende bringen, was ihm Energie gab. Er behielt seine Meinung für sich und versuchte, die Gemüter zu beruhigen, indem er gutgelaunt und sorglos tat.

Ich hatte in allen Details von der Brutalität der Polizei am 6. Mai und der Großdemonstration am Vortag erzählt. Jacques Brel hatte sich nicht dafür interessiert, auch wenn er mir scheinbar aufmerksam zugehört hatte. Annie Girardot, die an Liebeskummer litt, von dem ich nichts wusste, zuckte mit den Schultern und meinte trocken: *»The show must go on.«* Lediglich Jean-Pierre Kalfon schwärmte von der Studentenbewegung, wobei er alles durcheinanderwarf, Revolution, Sex, Drogen, Musik. Zwischen den Takes spielte er Gitarre und rauchte einen Joint dazu; das kannte ich noch von den *Gauloises bleues*. Dass er mich mit seiner Begeisterung sogar noch überbot, hatte Bruno Cremer sehr amüsiert, den ersten Assistenten jedoch schließlich verärgert; er verbot mir den Mund. Ich hatte eine mehrwöchige Drehpause vor mir, und als ich aufbrach, rief er: »Was eine Erlösung!« und »Spiel woanders Revolution, du dumme Kuh!«

Ich war mit Jean-Luc in seinem Lieblingsrestaurant Les Balkans verabredet, auf der Ecke Rue Saint-Jacques/Boulevard Saint-Germain. Man aß dort nicht gut, es war günstig und wurde vor allem von Studenten besucht. Ich mochte es nicht, hatte mich aber nach mehreren Abenden im Balzar und der unheilvollen Erfahrung im Méditerranée nicht widersetzt.

Begeistert erzählte er sofort, dass nun auch die Lycées nach und nach offiziell in Streik treten würden. Ich berichtete davon, was ich an dem Tag gesehen und gehört hatte, von den Gerüchten über die Bestreikung der laufenden Dreharbeiten. Er glaubte nicht daran.

»Wie willst du die Kinoleute überzeugen? Die denken nur an ihre Filme, an nichts sonst, Punktum!«

Ich erinnerte ihn an die große Mobilisierung nach der Absetzung Henri Langlois' und der Schließung der Cinémathèque. Ziemlich von oben herab sagte er, dies sei etwas ganz anderes gewesen und dass sein Freund Charles prophezeite, die Arbeiter würden sich bald der Bewegung anschließen. Sein Freund Charles? Welcher Charles? Einigermaßen genervt schlug Jean-Luc erneut seinen oberlehrerhaften Ton an, der wiederum mich aufregte:

»Ich hatte dir damals von ihm erzählt. Er ist bei Weitem der intelligenteste Student, den ich kenne. Ich habe ihn bei einem Treffen mit den Mitgliedern der UJCML getroffen. Charles engagiert sich nicht direkt für die Maoisten, aber er ist nah an ihnen dran, ein sehr aktiver Sympathisant.«

»UJC... was?«

»Die UJCML, die Union des jeunesses communistes marxistes-léninistes. Es ist mühsam, dass du wirklich alles vergisst, was mit Politik zu tun hat. Du warst es doch, die den ›Camarade X‹ für *Die Chinesin* aufgetrieben hat. Omar Diop, der Freund deines Freunds Antoine Gallimard, ist Mitglied der UJCML. Was ist übrigens aus Antoine geworden?«

»Ich weiß es nicht.«

Bei der Erwähnung Antoines wurde ich ein wenig traurig. Seit unserer Hochzeit waren wir so oft aus Paris weg gewesen, und ich hatte mich von meinen Kindheits- und Jugendfreunden entfernt. Mir wurde plötzlich klar, wie rasch man Menschen aus den Augen verlieren konnte und wie schnell neue Verbindungen entstanden, etwa die mit Rosier und Bambam. Meine Stimmung ließ Jean-Luc nicht kalt.

»Zwanzig Jahre – geht in diesem Alter nicht jeder seiner Wege?«

»So war das bei dir?«

»Nein. Im Unterschied zu dir hatte ich nie Freunde.«

Dieses unerwartete Geständnis deprimierte mich noch mehr. Jean-Luc strich mir über die Wange.

»Jetzt schau nicht wie ein begossener Pudel. Nun habe ich ja dich und außerdem noch meine Kampfgefährten.«

Der letzte Satz hatte mich durcheinandergebracht: Setzte er uns wirklich gleich, mich und seine seltsamen, mir unbekannten »Kampfgefährten«? War ich ihm etwa nicht viel wichtiger? Beinahe hätte ich es gefragt, aber aus unerfindlichen Gründen schwieg ich. Vielleicht aus Angst, zu naiv zu wirken?

Gegen Mitternacht hatte uns das Telefon aus dem noch leichten Schlaf geklingelt. Wieder kündigte Jean-Jock sich an, er sei in fünf Minuten da. Jean-Luc hatte seinen Morgenmantel übergestreift und ihm geöffnet. Ich war wütend und wäre am liebsten selbst hinuntergegangen, um ihn sofort vor die Tür zu setzen. Unsere Wohnung war kein Hotel; doch als ich mich beschwerte, hatte Jean-Luc mir den Rücken zugedreht und war sofort wieder eingeschlafen. Tief verärgert hatte ich eine Schlaftablette geschluckt.

Und schon bei meinem ersten Schluck Kaffee hörte ich Jean-Jock. Aus voller Kehle und mit dröhnender Stimme sang er:

Comme faucheurs rasant un pré
Comme on abat des pommes,
Les Versaillais ont massacré
Pour le moins cent mille hommes.
Et les cent mille assassinats
Voyez c'que ça rapporte.
Tout ça n'empêche pas, Nicolas,
Qu'la Commune n'est pas morte!

»Das reicht!«

Als er meinen Aufschrei hörte, war Jean-Jock sofort still. Aber gleich darauf lugte sein Kopf zwischen den Stufen hervor, die ins Schlafzimmer führten. Er sah enttäuscht aus.

»Na so was? Magst du mein revolutionäres Morgenständchen etwa nicht?«

Und ohne mir Zeit zum Antworten zu lassen:

Ils ont fait acte de bandits
Comptant sur le silence,
Ach'vé les blessés dans leurs lits
Dans leurs lits d'ambulance.
Et le sang inondant les draps,
Ruisselait sous la porte.

Seine Ähnlichkeit mit einer Figur von Walt Disney hatte etwas Entwaffnendes. An wen erinnerte er mich bloß? An Pluto, den Hund? Jean-Jock schien gespürt zu haben, dass meine Laune sich gebessert hatte.

»Sing den Refrain mit mir.«

Tout ça n'empêche pas, Nicolas,
Qu'la Commune n'est pas morte!

Es war Jean-Luc, der ihm schließlich Einhalt gebot: Am Vortag hatte Jean-Jock ihm versprochen, ihn zu verschiedenen Lycées zu fahren, in denen sich die Schüler zu AGs versammelten. Sie brachen auf, ohne mich zu fragen, ob ich mitwollte. So hatte ich den Vormittag für mich, ich konnte im Bett faulenzen, solange ich Lust hatte, und die Beatles hören, Charles Trenet, Joan Baez und Bob Dylan!

Der Philosoph Gilles Deleuze war seit Langem der beste Freund Bambams. Er lebte und unterrichtete in Lyon und unternahm regelmäßig Abstecher nach Paris. Auch an jenem Freitag, dem 10. Mai, wollte er den Elf-Uhr-Zug nach Hause nehmen, nach einem Abendessen, zu dem auch wir eingeladen waren.

Wir hatten ihn schon mehrfach getroffen, immer bei Rosier und Bambam. Jean-Luc und er hatten eine merkwürdige Beziehung. Sie beobachteten einander wie zwei misstrauische Kater, obwohl wir wussten, dass sie sich sehr schätzten und nur Gutes übereinander sagten. Wenn sie dann aber zusammensaßen, verliefen ihre Gespräche ausgesprochen schleppend. Mir gegenüber rechtfertigte Jean-Luc seine Reserviertheit mit Gilles Deleuzes bewusst »dandyhafter« Art. Dieser hatte die Marotte, sich die Fingernägel sehr lang wachsen zu lassen, und erklärte jedem, der danach fragte, dass Puschkin es genauso gemacht habe, man darin also eine Art Hommage sehen dürfe. Jean-Luc erkannte keinen Zusammenhang zwischen dem von uns hochverehrten russischen Dichter und diesen, wie er sagte, »abstoßenden Krallen«. An besagtem Abend jedoch freuten sie sich gemeinsam über die Friedensverhandlungen zwischen Amerikanern und Vietnamesen in Paris, die Neuigkeit des Tages, und auf das, was die Nacht versprach.

Kurz zuvor hatte mein Bruder Pierre in der Rue Saint-Jacques angerufen. Er war aufgeputscht von der ersten Schülerdemonstration, an der er wie Hunderte andere teilgenommen hatte. Man hatte alle streikenden Schüler aufgefordert, ihre jeweiligen Lycées zu verlassen und auf der Place Denfert-Rochereau zusammenzukommen. Jean-Luc hatte den zweiten Telefonhörer genommen, um Pierres Bericht zu folgen. »Frag ihn, ob ein studentischer Ordnungsdienst dabei war oder ein politischer.« – »Nein, nein, wir waren unter uns, konnten machen, was wir wollten, selbst die Zehn-, Zwölfjährigen«, hatte er geantwortet. Hoffnungsvoll hatte er hinzugefügt: »Wer weiß, vielleicht schaffen wir es, dass sie das Abitur abblasen!« Pierre sollte seines in eineinhalb Monaten ablegen. Es folgte ein herzhaftes Gähnen: »Dieses stundenlange Laufen hat mich erledigt. Ich sehe mir *Metropolis* im Fernsehen an, und wenn heute Abend noch was passiert, ziehe ich wieder los.« Pierre hatte den Film von Fritz Lang erwähnt, weil er wusste, wie Jean-Luc ihn verehrte; er wollte ihm zeigen, dass er ein gelehriger Cinephiler war. Wenn er geahnt hätte, wie wenig das Jean-Luc inzwischen kümmerte ...

Gegen 20 Uhr, wir waren gerade erst in der Rue de Tournon angekommen, hatten wir das Radio eingeschaltet und hörten Europe 1 mit Rosier, Bambam und Deleuze. Danys Stimme war zu hören: »Die Polizei besetzt die Sorbonne, besetzen wir das Quartier Latin!« Dies würde zur Folge haben, dass einige Tausend Personen von allen Seiten herbeiströmten. Wie würde die Polizei reagieren? Was als Nächstes geschehen?

Wir schlangen das von Rosier zubereitete Abendessen fast herunter. Weil Deleuze befürchtete, nicht zur Gare de Lyon durchzukommen und seinen Zug zu verpassen, brachen die drei früher auf als geplant. Jean-Luc und ich blieben allein in der Wohnung zurück und fragten uns, was wir nun tun sollten. Jean-Luc versuchte erfolglos, Jean-Jock zu erreichen, den Mann namens Charles und andere Leute, von denen ich noch nie gehört hatte. Ich rief meinen Bruder an, doch unsere Mutter hob ab. Sie behauptete, sie hätten Danys Aufruf gemeinsam gehört, und Pierre sei sofort ins Quartier Latin aufgebrochen. Tatsächlich jedoch schwindelte sie. Pierre war noch vor dem Beginn von *Metropolis* eingeschlafen, und sie hatte aufgepasst, ihn nicht zu wecken – um ihn vor einer weiteren Nacht des Aufruhrs zu schützen.

Eine weitere Nacht des Aufruhrs? Es hatte nicht den Anschein. Als wir die Wohnung in der Rue de Tournon verließen, war es noch hell, und in Paris herrschte gelöste Stimmung. Nach dem Aufruf Danys wurde das Quartier Latin von einer Menschenmasse überschwemmt.

Studenten und Schüler natürlich, aber auch verschiedene andere Sympathisanten und viele Schaulustige. Manche waren mit der ganzen Familie gekommen. Man schlenderte mitten auf den Boulevards Saint-Germain und Saint-Michel herum, für Autos gab es kein Durchkommen mehr. Das Wetter war gut, die Terrassen der Cafés proppenvoll, mobile Eisverkäufer nutzten die Gunst der Stunde.

Jean-Luc und ich ließen uns in dieser heiteren Menschenmenge treiben, die friedliche Euphorie riss auch uns mit. Fast hätte man die gegenwärtigen Konflikte und die Polizei vergessen können, welche sich im Übrigen nicht blicken ließ.

Hier und da trafen wir Freunde aus der Filmwelt und hielten einen Moment an, um etwas zu plaudern. Jean-Luc war nun freundlicher und zugänglicher – diese vielen unterschiedlichen Menschen machten ihm gute Laune.

Ich stellte ihm zwei Freundinnen aus Sainte-Marie vor, die ich seit unserem letzten Schuljahr nicht wiedergesehen hatte. Wie er es schon oft gemacht hatte, befragte Jean-Luc sie zu ihren Zukunftsplänen und ihren Eltern. Die eine hatte gerade geheiratet und sah sich als Familienmutter mit mehreren Kindern, die andere zögerte noch zwischen einem Literaturwissenschafts- und einem Journalismus-Studium. Beide hatten sehr konservative Elternhäuser. »Aber was macht ihr dann hier, unter Studenten und gauchistischen Schülern?«, fragte er, worauf sie antworteten: »Nichts, wir schauen uns um, das ist alles.«

Gegen 23 Uhr schlug die Stimmung um. Die Schaulustigen gingen so abrupt auseinander, wie sie gekommen waren, unmittelbar und ohne Absprache. Die Schutzgitter der Cafés wurden heruntergelassen, die Eisverkäufer verschwanden. Nach und nach kam die angespannte Stimmung der letzten Tage wieder auf, und das Eintreffen zahlreicher Journalisten, zu Fuß oder auf Mopeds, verstärkte diesen Eindruck. Allzu deutlich und unvermeidbar braute sich etwas zusammen. Ich bekam Angst und wollte zurück in die Wohnung, aber Jean-Luc weigerte sich entschieden.

Gegen Mitternacht rissen Gruppen von Jugendlichen in der Rue Soufflot und der Rue Gay-Lussac das Pflaster auf; an mehreren Stellen erhoben sich Barrikaden in atemberaubender Geschwindigkeit. Die Jugendlichen wirkten wild entschlossen zum Kampf. Viele von ihnen hatten ihr Gesicht mit einem Tuch verhüllt. Weitere entpflasterten auch an der Place Edmond-Rostand die Straße. Rasch bildeten sie eine Menschenkette und reichten die Steine zu den Barrikaden weiter. In stetem Rhythmus wanderten sie von Hand zu Hand, in beeindruckender Stille. Es wurden nur einige knappe Ansagen ausgegeben, denen alle Folge leisteten. Keinerlei Widerspruch, dafür eine fast militärische Disziplin. Andere Sympathisanten, genau wie wir, zögerten, ob sie sich einreihen sollten.

Jemand rief nach Jean-Luc: der etwas verloren wirkende Jean-Pierre Léaud, in Begleitung Chris Markers und des kleinen Teams der *ciné-tracts*, das die Ereignisse seit Anfang Mai täglich dokumentierte. Jean-Luc bewunderte ihre Arbeit und träumte davon, sich ihnen anzuschließen – was er im Übrigen wenig später auch tat. Noch beließen es Chris Marker und er bei einem kameradschaftlichen Händeschütteln. Sie diskutierten gerade, was am dringendsten zu filmen sei, als die Studenten uns aufforderten, uns entweder einzureihen oder schnell nach Hause zu gehen – die Polizisten würden jeden Augenblick angreifen, die Situation wurde immer gefährlicher.

Die Polizisten?

Sie standen bereit, dichtgedrängt hinter den Zäunen des Jardin du Luxembourg. Sie rührten sich nicht, belauerten uns schweigend. Wir hatten nicht bemerkt, wie sie sich aufgestellt hatten. Nur ihre im Dunkeln funkelnden Helme und Schilde verrieten ihre Anwesenheit. Es wirkte bedrohlich, ich wollte weglaufen, solange es noch ging. Aber Jean-Luc hatte sich schon eingereiht, und ich schloss mich ihm an, gefolgt von Jean-Pierre.

Die Pflastersteine wanderten weiter von Hand zu Hand. Jean-Luc und ich hielten diesen höllischen Rhythmus ein, so gut es ging. Doch schon bald stockte der eingespielte Ablauf: Jean-Pierre trocknete sich zwischen jedem Stein die Hände mit einem Taschentuch ab, das er mit den Zähnen festhielt. Man schimpfte ihn prompt einen Saboteur. Hin und wieder verließ jemand die Reihe, um sich zu erholen; sofort sprang einer der anderen Sympathisanten oder der Schaulustigen ein, die sich noch immer auf der Place Edmond-Rostand aufhielten. Ich sah Valérie Lagrange und trat ebenfalls aus der Reihe.

Ich war dieser wunderschönen jungen Frau, Schauspielerin und Sängerin bei den Dreharbeiten zu *Weekend* begegnet. Wir hatten keine Gelegenheit gehabt, uns näher kennenzulernen, aber sie hatte mir sehr gefallen. Ebenso wie mir graute ihr davor, was sich zusammenbraute.

Ein Fotograf aus der Truppe Chris Markers machte eine Aufnahme von uns. Man sieht mich darauf im Profil, in einem hinreißenden, von Rosier gestalteten grauen Parka, den ich zu dieser Zeit täglich trug. Valerie steht mir gegenüber, sie trägt ein besticktes rumänisches Hemd im Hippiestil. Beide rauchen wir eine Zigarette. Um uns herum schemenhafte Gestalten in der Nacht. Aus unseren Blicken spricht die gleiche Anspannung, die gleiche Erwartung des Unvermeidlichen. Dieses Foto besitze ich immer noch. Es wurde wenige Sekunden vor dem Angriff der Polizei gemacht.

Einem heftigen Angriff. Plötzlich öffneten sich die Tore des Jardin du Luxembourg für Hunderte Polizisten, die Schlagstöcke in der Luft. Schon brachen die ersten Demonstranten unter den Schlägen zusammen. Die Studenten hatten sofort die Menschenkette aufgelöst, um sich ihren Kameraden hinter der ersten Barrikade in der Rue Soufflot anzuschließen. Jean-Luc hatte mich an der Hand gepackt und zog mich in Richtung Saint-Michel. Wir flüchteten mit etwa dreißig anderen, kopflos, panisch. Jean-Pierre Léaud, hinter uns, rief unentwegt um Hilfe und bat die Anwohner um Unterschlupf. Er trommelte vergeblich gegen die verschlossene Tür eines Hotels in der Rue Racine und schrie: »Ich nehme ein Zimmer für eine Nacht ... für eine Woche ... für einen

Monat!« In der Rue de Tournon stürzten sich zahlreiche Polizisten auf die schon am Boden Liegenden und zerrten sie gewaltsam in die Einsatzwagen. In mehreren Wohnungen war Licht angegangen, aus ihren Fenstern beschimpften die Anwohner die Polizei. Ihre Rufe und das Geschrei verloren sich in ohrenbetäubendem Getöse. Man hörte die Sirenen der Krankenwagen, die versuchten, sich ihren Weg zu bahnen, Explosionen, die Schläge von Pflastersteinen auf Schutzschilde. Jean-Luc und ich rannten immer zielloser umher, ohne noch an Jean-Pierre oder Valérie zu denken, die wir in der Nähe des Théâtre de l'Odéon aus den Augen verloren hatten. Unsere Haut zu retten war alles, was zählte.

So schnell es ging, nahmen wir die Treppenstufen der Rue Antoine-Dubois, da rutschte Jean-Luc aus, fiel hin, und seine Brille zerbrach. Er blieb einige Sekunden am Boden liegen, von seinem Sturz benommen, während ich, den Tränen nah, ihn anflehte, aufzustehen und sich in Sicherheit zu bringen. Schließlich kam er zur Besinnung und folgte mir. Schon wieder sah er nichts, er hatte sich am Bein verletzt und humpelte. Ich weinte vor Angst, Wut und Ohnmacht.

Vor allem weiter oberhalb wurde noch gekämpft, in der Nähe des Panthéon. Wir nahmen die Rue Saint-André-des-Arts. Während wir den Boulevard Saint-Michel überquerten, sah ich auf Höhe der Rue des Écoles eine große Gruppe Polizisten vor den zahlreichen Attacken der nun mit Molotow-Cocktails bewaffneten Demonstranten zurückweichen. Die Brutalität der Polizei verdoppelte jene der Studenten, stachelte sie an. Eine leichte Brise wehte Schwaden von Tränengas zu uns herüber. Mit brennenden Augen bogen wir in die kleine Rue de la Huchette ein. Endlich erreichten wir unseren Hauseingang, gerade rechtzeitig, um den zahlreichen, zur Verstärkung vom Seineufer her vorrückenden Polizisten zu entgehen.

Erst als wir wieder etwas zu Atem gekommen waren und auf den untersten Treppenstufen unserer Wohnung saßen, die Tür mit den drei Schlössern verriegelt, wiederholte ich wie eine Irre immer wieder, dass ich derartige Szenen nie mehr erleben wolle, nie mehr etwas hören wolle von Barrikaden. Jean-Luc umarmte mich fest und schwor, es käme nicht noch mal vor, er würde uns nie mehr solcher Gefahr aussetzen, da klingelte das Telefon. Schwankend stand er auf und hob ab. Er sagte »Ja«, »Nein«, »Ich gebe sie Ihnen«.

»Deine Mutter!«

Seit Mitternacht rief sie unablässig bei uns an, verrückt vor Sorge, wie sie sagte. Im Radio verfolgte sie die brutalen Ausschreitungen im Quartier Latin unmittelbar und glaubte mich verletzt – mindestens blutüberströmt – oder Schlimmeres. Durch sie erfuhr ich erst, wann der massive Angriff der Sicherheitskräfte stattgefunden hatte: um zwei Uhr fünfzehn am Morgen. Ich fragte sie, ob Pierre es gut heimgeschafft habe, und sie gestand mir ihre Lüge. »Er schläft immer noch vor dem laufenden Fernseher.« Ich war erleichtert. Dann ließ sie ihren Gefühlen freien Lauf, nannte mich zu meiner Überraschung und Rührung ihr »liebes kleines Mädchen«, ihr »Kind«. Das war uns schon lange nicht mehr passiert ... Jean-Luc, der erfolglos seine zweite Brille suchte, wurde ungeduldig. Kurz vor dem Auflegen platzte es nach einem Moment des Zögerns aus ihr heraus: »Ich wäre gern dabei gewesen, um an der Seite der Studenten zu kämpfen.« Unversehens kam wieder die mutige junge Frau zum Vorschein, die sie zu Zeiten des Kriegs und anschließend in Berlin gewesen war.

Wir öffneten die Wohnzimmerfenster. An der Kreuzung Rue Saint-Jacques/Boulevard Saint-Germain standen die Krankenwagen, von der Polizei und den wiederholten, jetzt sehr offensiven Attacken überall verteilter Studentengruppen am Durchkommen gehindert. In Richtung des Panthéon und der Rue Soufflot leuchtete der Himmel von Flammen.

Pausenloses Klingeln an unserer Tür riss uns schließlich aus dem Schlaf. Es war schon hell, der Wecker zeigte sieben Uhr dreißig. »Jean-Jock!«, rief Jean-Luc sofort. Er sprang auf, ich wollte ihn zurückhalten: »Nein, nicht er! Nicht schon wieder er!« – »Bestimmt braucht er uns.« –

»Wir sind nicht seine Eltern!« Jean-Luc schubste mich weg und ging an die Tür. Lange hörte ich nichts, dann rief er hoch: »Es ist Cournot!«

Schnell schlüpfte ich in meine Shorts und in den weiten alten roten Kaschmir-Pullover, den Michel während der gesamten Dreharbeiten zu seinem Film getragen und mir zum Drehschluss geschenkt hatte, auf mein beharrliches Betteln hin. Er war mein Lieblingspulli geworden, ich trug ihn ununterbrochen, ganz gleich zu welcher Jahreszeit.

Jean-Luc hatte Cournot das Treppchen in unser Wohnzimmer hinaufgeführt und bot ihm den Sessel an. Er behandelte ihn behutsam, denn unser Freund war verstört, unfähig, auch nur ein Wort herauszubekommen. Er starrte uns abwechselnd an, als sähe er durch Glas. Dann begann er mit großer Anstrengung zu erzählen, tonlos und kaum verständlich.

Wie meist hatte er sein Haus in Sceaux kurz vor sieben Uhr verlassen, um nach Paris zu fahren. Doch als er an der Haltestelle Luxembourg bei der Place Edmond-Rostand ausgestiegen war, hatte sich ihm ein ganz anderer Anblick geboten als sonst. Alles war verwüstet. Die Gerippe abgebrannter Autos, herausgerissene Straßenlaternen, halbverkohlte Möbel und zahlreiche nicht erkennbare Gegenstände verstopften den Platz und die angrenzenden Straßen. Im Glauben, an einer Halluzination zu leiden, war er automatisch in Richtung Boulevard Saint-Michel gelaufen, aber auch dort war alles verwüstet. Die Scheiben vieler Cafés und Geschäfte waren eingeschlagen, dann folgten schwarze Baumstümpfe und noch mehr Autoskelette. Die wenigen Menschen, die er unterwegs getroffen hatte, wirkten ebenso verstört wie er. »Und auf dem Boulevard Saint-Germain sah es fast genauso aus.« Er starrte uns flehend an: »Ich habe das Gefühl, verrückt zu sein, unwissentlich Acid genommen zu haben – oder es ist Krieg. Aber wer gegen wen? Und wieso? Ihr wohnt hier, also bin ich vorbeigekommen. Damit ihr es mir sagt, falls ich verrückt bin.«

Cournot und seine Frau Nella besaßen weder Radio noch Fernsehgerät. Er war Träumer aus Überzeugung, hielt sich kaum über die Geschehnisse in Frankreich oder der Welt auf dem Laufenden. Er lebte für das Kino, die Literatur und seine Spaziergänge durch Paris, achtete auf die kleinen Details. Seine Familie, seine paar Freunde und seine Arbeit als Kritiker des *Nouvel Observateur* waren ihm genug.

Zu Beginn seines Berichts hatte ich lachen wollen. Aber da ich während der Dreharbeiten seines Films zwei Monate mit ihm verbracht hatte, hatte ich sehr schnell verstanden, dass er ernsthaft litt und fürchtete, verrückt zu werden. Also hatte ich geschwiegen, voller Mitgefühl für diesen verzweifelten Mann, den ich so mochte.

Jean-Luc allerdings amüsierte sich bestens. Geduldig und freundlich versuchte er ihm zu erklären, was wir in der Nacht erlebt hatten. Cournot dachte, Jean-Luc mache sich über ihn lustig. »Mach keine Witze!«, sagte er immer wieder vorwurfsvoll. Erst jetzt kam Jean-Luc auf die Idee, das Radio einzuschalten.

Der Journalist auf Europe 1 begann die 20-Uhr-Nachrichten mit den Worten: »An diesem Samstag, dem 11. Mai, steht ganz Frankreich unter Schock und solidarisiert sich mit den Studenten. Sie sind die großen Sieger.« Er bezifferte die abgebrannten Autos auf mindestens sechzig und nannte die noch geschätzte Zahl von 367 Opfern, teils schwerverletzt. Erstmals hörten wir von »Stadtguerilla« reden.

»Seht ihr?«, sagte Jean-Luc triumphierend.

Cournot nickte mehrmals, ohne auch nur ein Wort herauszubringen. Das Telefon klingelte, Jean-Luc hob ab. Sein Arbeitszimmer lag einige Stufen tiefer, wir konnten ihn Englisch sprechen hören. Seine immer lauter werdende Stimme verriet uns, dass er sich aufregte. Als er wiederkam, war er offensichtlich sehr verärgert.

Ein Anruf aus London. Die Produzentin des Beatles-Films ließ nicht locker.

Wegen des im Frühjahr durch uns erlittenen finanziellen Verlusts hatte sie Jean-Lucs unterschriebenen Vertrag an jemanden weiterverkauft, der die Rolling Stones von dem Projekt überzeugt hatte. Jean-Luc war nun verpflichtet, mit ihnen zu drehen, wenn sie im kommenden Juni ihre nächste Platte aufnehmen würden. Diese Sequenz wäre nur ein Teil des Films, und Jean-Luc sollte sich den Rest ausdenken. Er war entsetzt.

»Ich hatte diese Sache völlig vergessen, diesen verdammten unterschriebenen Vertrag.«

Ich war begeistert, Cournot enthusiastisch.

»Du wirst wieder Kino machen«, wiederholte er mehrmals.

»Ich will dieses Kino nicht mehr, das Kino, von dem du redest, ist tot!«

Cournot, der seine Angst völlig überwunden hatte, erhob sich und herzte Jean-Luc, wie er es oft tat.

»Ich weiß wirklich nicht, was ich an einem Typen finde, der einen solchen Schwachsinn proklamiert!«

Dann brach er auf. Weder er noch ich hatten Jean-Luc ernst genommen.

Die Nacht vom 10. auf den 11. Mai beschleunigte die Ereignisse. Kaum zurück aus Afghanistan, ließ der Premierminister Georges Pompidou als Geste der Versöhnung umgehend die inhaftierten Demonstranten frei. Am 13. Mai öffnete die Sorbonne wieder, und zahlreiche Pariser kamen als neugierige Besucher – so auch meine Mutter und meine Schwester, denen die alte Universität »exotisch« und »aufregend« erschien. Doch damit war es nicht ausgestanden. Noch am gleichen Tag weitete sich der Streik aus und besiegelte die Einheit von Gewerkschaften und Studenten. Es gab eine riesige gemeinsame Demonstration: Zweihunderttausend Menschen zogen von der Gare de l'Est nach Denfert-Rochereau, Dany an der Spitze.

Bambam und ich stützten Jean-Luc, der auf einer Bank stand und die Ankunft des Protestzugs mit einer 16-mm-Beaulieu-Kamera filmte. Hin und wieder mischte er sich unter die Menge, und ich führte ihn an den Schultern. Manche erkannten ihn und herrschten ihn an: »Also, Godard, bist du nun einer von uns?« Andere waren noch aggressiver und beschimpften ihn als Voyeur und Blender. Er bekam das alles nicht mit und filmte weiter. Mir wurde etwas mulmig, aber die Anwesenheit Bambams beruhigte mich. Alle waren fröhlich und friedlich. Zahlreiche Film- und Theaterleute waren gekommen, auch sie griffen die Parolen der Studenten und Werktätigen auf. Dass so viele Arbeiter da waren und zur Solidarität aufriefen, war beeindruckend zu sehen. Jetzt erst begriff ich die Tragweite einiger Parolen, die aus dem Munde meiner Ex-Kommilitonen aus Nanterre eher komisch geklungen hatten.

Auf der Place Denfert-Rochereau waren Jungen und Mädchen auf die Skulptur des Löwen von Belford geklettert, schwangen rote Fahnen und sangen *À bas l'État policier* von Dominique Grange. »Was eine schöne Jugend!«, rief Jean-Luc, euphorisiert von dem Anblick.

Diesmal stimmte ich ihm zu, war glücklich, Teil dieser Jugend zu sein, zwanzig Jahre alt zu sein.

Am nächsten Tag wurde ich einundzwanzig. Jean-Luc hatte meinen Geburtstag vergessen; er war zu einer Sitzung von Studenten der Kunsthochschule aufgebrochen, als es an der Tür klingelte.

Es war weder Jean-Jock noch Cournot, sondern der charmante Assistent Rosiers; er überreichte mir einen Stoffkoffer. Darin einundzwanzig Geschenke von ihr. Eine bunte Zusammenstellung, die ihre Handschrift trug. Es waren Kleider darunter, die sie entworfen hatte, Bücher, Küchengerät, einige Plüschtiere. Ein feingeistiger und lustiger Gruß erinnerte daran, dass wir bei ihr zu Abend essen würden. Trotz Jean-Lucs Widerwillen hatten wir gemeinsam mit Bambam entschieden, nach Cannes zu reisen, um Cournots Film zu unterstützen. Unsere drei Flugtickets waren für den späten Nachmittag des kommenden Tages gebucht. Wir würden in Le Lavandou wohnen, in der Villa von Rosiers Mutter und Stiefvater, Hélène und Pierre Lazareff.

Die Filmfestspiele von Cannes waren am 10. Mai eröffnet worden, und man begann, über ihren Abbruch zu diskutieren. Wie Jean-Luc hielten es viele für unangemessen, sie fortzusetzen, während ganz Frankreich streikte. Auch wenn ich größtenteils seiner Meinung war, wog meine Zuneigung zu Cournot, dessen Film noch nicht aufgeführt worden war, schwerer als alle Argumente. »Du denkst zu kurz! Du machst was Persönliches draus!«, hielt Jean-Luc mir vor.

Am folgenden Tag, während ich meine Koffer packte, erfuhren wir, dass die Studenten das Théâtre de l'Odéon besetzten und auch an der École nationale de photographie et de cinéma in Streik traten. Nun schien es sicher, dass die laufenden Dreharbeiten unterbrochen würden. Ich zögerte etwas, Paris gerade jetzt, wo ich betroffen war, zu verlassen, und als Armand mich anrief und sagte: »Schließ dich uns an, hier ist die Hölle los«, war ich kurz davor, meine Abreise zu verschieben. Aber auch die Verkehrsunternehmen begannen zu streiken – würde ich in vierundzwanzig Stunden noch ein Ticket bekommen? Trotz meiner Bedenken und des immer heftigeren Widerspruchs Jean-Lucs reiste ich mit Rosier und Bambam ab.

Südfrankreich im Mai war von blendender Schönheit. Das Haus von Pierre und Hélène Lazareff stand auf der Spitze einer nach drei Seiten zum Meer hin offenen Halbinsel, mit einem weitläufigen Garten und einem fast privaten Strand. Es war luxuriös und hatte zahlreiche Zimmer. Rosier teilte mir das Zimmer ihrer Mutter zu, das riesig war und einer Zarin würdig – so nannte man sie auch. Ich fühlte mich wie im Urlaub und war glücklich über meine Lage.

Als wir gerade zu Bett gehen wollten, rief Jean-Luc an. Er war ausgelaugt, hatte schlechte Laune und nahm mir meine Begeisterung für das Haus der Lazareffs übel. Aus seiner Sicht hatte ich ihn für Cournot sitzengelassen; seine abwechselnden Vorhaltungen und Klagen trübten meine gute Laune. Schließlich beruhigte er sich und sagte abschließend: »Das Festival von Cannes wird abgebrochen, du bist ganz umsonst hingefahren.«

Als ich alleine in dem großen Bett in dem riesigen Zimmer lag, fehlte er mir. Durch die drei offenen Fenster war der Sternenhimmel zu sehen, ich sog die Düfte der Nacht ein, hätte ihn gern neben mir gespürt. Er fehlte mir sehr körperlich, ich hatte ein ziemlich deutliches Bedürfnis nach Liebe, und es gelang mir nicht einzuschlafen.

Plötzlich sprang ein Kater vom Fenstersims und landete weich auf dem gefliesten Zimmerboden. Bevor ich Zeit hatte mich zu wundern, war er schon in meinem Bett, schnurrte und rieb seine Schnauze an meiner Schulter. Er war schlank, warm, weiß mit roten Flecken und duftete fein nach den Wildkräutern der Macchia, nach Mimosen. Während ich ihn kraulte, döste ich ein, über Jean-Lucs Abwesenheit fast hinweggetröstet.

Während eines köstlichen, von der Haushälterin auf der Terrasse bereitgestellten Frühstücks erfuhr ich, dass der Kater in Wahrheit eine junge Katze war. Sie hatte mich in der Nacht verlassen und war nun zurückgekehrt, während ich meinen Kaffee trank. Auf meinem Schoß begann sie erneut zu schnurren und gab mir das Gefühl, im Paradies zu sein – genauso wie der Himmel, das Meer und die frischen Düfte des Gartens. Es war noch früh, Rosier und Bambam waren noch nicht aus ihrem Zimmer gekommen. Ich schnappte mir einen Badeanzug und ging den Weg zum kleinen Strand hinunter. Das lange Schwimmen – nackt, denn ich war ganz allein – verschaffte mir ein grenzenloses Wohlgefühl. Seit fast einem Jahr war ich nicht mehr geschwommen, nicht mehr in Urlaub gefahren. Während ich mich auf dem Rücken im Wasser treiben ließ, die Augen wegen der Sonne geschlossen, sagte ich mir: »Zum Teufel mit Jean-Luc! Zum Teufel mit Paris! Zum Teufel mit dem Festival de Cannes!«

Auf dem Rückweg traf ich Bambam und Rosier auf der Terrasse, sie lasen im Schatten. Jean-Luc hatte angerufen und verärgert darüber geklungen, dass ich am Strand war. »Er meldet sich heute Abend wieder«, sagte Rosier. Bambam erzählte, was sie gerade im Radio gehört hatten. Alle laufenden Dreharbeiten wurden ausgesetzt, die Renault-Fabriken in Flins und Boulogne-Billancourt bestreikt, es verkehrten keine Flugzeuge und Züge mehr, keine öffentlichen Verkehrsmittel in den Städten, wo sich der Müll auf den Bürgersteigen häufte. Abends am Telefon regte Jean-Luc sich immer weiter auf. »Das hast du geschickt eingefädelt! Wir sind voneinander getrennt, du steckst im Süden fest, ich in Paris.« Ich ließ das Donnerwetter über mich ergehen. Dann sagte er: »Truffaut hat mich gerade aus Cannes angerufen: Das Festival muss abgebrochen werden, er hält meine Anwesenheit für unverzichtbar. Wir versuchen genug Benzin aufzutreiben, um im Auto zu kommen, aber bisher reicht es nicht!« Ich sagte ihm, wie sehr er mir fehlte, und er wurde sanfter: »Du mir auch. Aber wir holen alles nach. So oder so werde ich nach Cannes kommen, und dann nehme ich dich mit.«

Er rief erst spät am nächsten Tag wieder an. Seine Freunde hatten genug Benzin beisammen, sie würden die Nacht durchfahren und wären am Vormittag in Cannes. »Versuch dort hinzukommen«, sagte er. – »Wie denn? Wir haben hier dieselben Probleme wie du!« – »Dann werde ich mir was einfallen lassen, um vorbeizukommen. Aber ich finde, du gibst dir keine Mühe, gar keine!«

Die Haushälterin verkündete, das Abendessen stehe auf der Terrasse bereit.

Rosier machte sich Sorgen um Cournot. Sie hatten sich tagsüber unterhalten, was ein ungutes Gefühl bei ihr hinterlassen hatte. Er war seit zwei Tagen auf dem Festival und schien zu glauben, dass niemand seinen Film je sehen werde. Falls ihn das mitnahm, ließ er es sich trotz Nachfragen nicht anmerken. »Ihr seid ziemlich aufdringlich«, hielt Bambam ihr vor. »Wenn er und Jean-Luc es hierher schaffen, solltet ihr sie in Frieden lassen.«

Ich schlief himmlisch gut. Wieder besuchte mich das warme und duftende Kätzchen, bevor es zu seiner nächtlichen Jagd aufbrach. Der Hauswirtin zufolge war es trotz seiner engelssanften Erscheinung ein zwielichtiger Killer; ich solle mich nicht wundern, wenn es mir einen Vogel oder eine Feldmaus vorbeibrächte.

Am anderen Morgen ging ich mit der gleichen Freude schwimmen wie am ersten Tag. Hin und wieder streifte mich der Gedanke, ich solle in Cannes bei Jean-Luc sein, aber er verflog rasch wieder, und ich genoss das Meer nur umso mehr, den Sand, das unerhörte Privileg dieses kleinen Strands ganz für mich alleine. Später natürlich, als ich die Bilder der Ereignisse in Cannes sah, mit welcher verrückten Wildheit Jean-Luc, Truffaut, Louis Malle und selbst Jean-Pierre Léaud das Festival zum Abbruch gebracht hatten, bereute ich, nicht dabei gewesen zu sein, in den roten Kinovorhang verkrallt. Es tat mir umso mehr leid, als ich wusste, dass Jean-Luc Recht hatte: Ich gab mir keinerlei Mühe, wirklich gar keine. Das bereue ich noch heute.

Jean-Luc und Cournot hatten ein Auto und ausreichend Benzin auftreiben können. Sie trafen am frühen Abend ein. Jean-Luc war aschfahl, unrasiert, trug zerknitterte und schmutzige Kleidung. Er schien völlig erschöpft, körperlich wie geistig. Cournot, auch jetzt wie aus dem Ei gepellt, lächelte etwas gezwungen. Er füllte mit seinem Bericht die wenigen aktuellen Fernsehbilder und Radiodirektübertragungen des Nachmittags mit Inhalt. Jean-Luc sagte nichts, seine Stimme war am Ende.

Seit gestern hatte er nichts gegessen, er ließ sich das von der Haushälterin auf der Terrasse servierte Gericht schmecken, trank sogar etwas Rosé und kam wieder zu Kräften. »Du wirkst erholt«, war das Erste, was er sagte. Und gleich darauf: »Wir ruhen uns aus, und dann fahren wir zurück nach Paris!«

Rosier und Bambam konnten ihm nur mit Mühe begreiflich machen, dass es kein Benzin mehr gab, keine Reisemöglichkeit. Bambam gab sich ruhig:

»Wir werden einen Weg finden. Rosier kennt viele Leute in der Gegend. Das Auto ist nicht das Problem, wir müssen genug Benzin zusammenkriegen, um bis Paris zu kommen, wenn die Verkehrsunternehmen weiter streiken.«

»Wie lange wird das dauern?«

»Ganz ehrlich, ich weiß es nicht.«

Jean-Luc war niedergeschlagen. Mit angeekeltem Blick musterte er die mit Kerzen beleuchtete Terrasse, den dezenten Luxus des Salons, was beinahe eine Beleidigung für Rosier war, die sich noch immer bemühte, eine Art Konversation aufrechtzuerhalten. Als er erfuhr, dass wir im elegantesten Zimmer schlafen sollten, kannte seine Empörung keine Grenzen.

»Nie und nimmer schlafe ich im Bett von Pierre Lazareff!«

Rosier bemühte sich, ihren Ärger zu verbergen, und erklärte:

»Es ist das Zimmer von Hélène, nicht von Pierre. In jenem meines Stiefvaters schlafen wir. Außerdem möchte ich Ihnen sagen, dass wir alle hier ihn lieben und dass ich beleidigt bin, wenn Sie weiter so über ihn sprechen.«

Beinahe hätte ich hinzugefügt: »Und ich auch.« Ich hatte Lazareff am Set von *Zum Beispiel Balthasar* getroffen, als er dort zu einem Essen mit der Produzentin Mag Bodard erschienen war. Seine Intelligenz, seine Höflichkeit und seine Neugierde hatten mich für ihn eingenommen.

Angesichts der Bestimmtheit Rosiers war Jean-Luc etwas ruhiger geworden. Sie nutzte das aus.

»Gehen Sie nach oben und duschen Sie, mir scheint, Sie haben es nötig. Anne wird Ihre Kleidung zum Waschen runterbringen und Ihnen neue geben – in diesem Haus ist alles vorhanden. Morgen früh kriegen Sie Ihre Kleider zurück, sauber und gebügelt, und ebenfalls morgen früh werde ich meine Bekannten abklappern und versuchen, Benzin aufzutreiben. Sind Sie jetzt endlich zufrieden?«

So seltsam es klingen mag – Jean-Luc gehorchte, fügsam wie ein kleiner Junge. Ohne das Schlafzimmer und Hélènes Bad eines Blickes zu würdigen, zog er sich aus und verschwand unter der Dusche. Ich nahm seine Kleider und ging zurück in die Küche. Hélène reichte mir eine Hose und ein Hemd aus Stoff, einen Herrenslip. Mit dem geübten Blick der Modeschöpferin hatte sie ihm das Passende herausgesucht. Sie machte sich Gedanken.

»Hoffentlich werde ich rasch eine Lösung finden, denn die Zeit mit Jean-Luc wird bald zur Hölle werden, in seinem Zustand ...«

Als ich wieder in unser Zimmer kam, lag Jean-Luc nackt im Bett. Er schlief tief und fest, das Licht war aus. Der überschwemmte Badezimmerboden und die heruntergeworfenen Handtücher zeugten davon, dass er geduscht hatte. Ich zog mich ebenfalls aus und schlüpfte unter die Decke, mit der Ungeduld einer Liebenden. War es eine Regung im Schlaf? Oder absichtliche Feindseligkeit? Sobald Jean-Luc meine Haut spürte, drehte er mir den Rücken zu und ging wütend grummelnd auf Distanz. Einen Augenblick lang betrachtete ich ratlos den feinen Verlauf seines Nackens, seiner Schulter. Nun machte auch ich mir Sorgen.

Zu Recht. Am nächsten Morgen, als er aufwachte und mich nackt im Bett sah, rief er fassungslos:

»Aber du bist ja ganz braun!«

Ich stand auf und machte einen Tanzschritt, um mich bewundern zu lassen.

»Das ist doch hübsch, oder?«

»Ist es nicht!«

Wütend erklärte er mir, wir seien nicht in Urlaub, sondern gefangen wie Geiseln in fremdem Gebiet; wir könnten unmöglich braungebrannt nach Paris zurückkehren. Er ließ sich von seinem eigenen Redefluss mitreißen, verstieg sich zu einem Vergleich unserer Lage mit dem Los der Palästinenser, was mich sprachlos machte.

Er war noch nicht richtig unten, da belegte er schon das Telefon und rief eine Reihe von Personen an, ich wusste nicht wen. Als ich auf der Terrasse meinen schwarzen Kaffee trank, beschloss ich, auf seine Billigung zu verzichten und weiterhin an den Strand zu gehen, um diese so eigenartige Unterbrechung dieses so eigenartigen Monats Mai so gut wie möglich zu nutzen. Doch ich spürte, dass eine Art Bedrohung auf mir lastete, auf uns.

Das lange Schwimmen im klaren kühlen Meer verdrängte vorerst meine Zweifel. Zur Mittagszeit ging ich wieder zum Haus hoch und fand die anderen auf der Terrasse, im Schatten. Alle vier sahen aus, als hielten sie Kriegsrat. Als ich dies anmerkte, sah Jean-Luc mich finster an.

»Das ist nicht die Zeit für Scherze«, sagte er.

Cournot lächelte mir freundlich zu.

»Du hast ja richtig Sonne abgekriegt, wie eine Aprikose!«

Noch ein finsterer Blick, diesmal zu Michel.

Rosier und Bambam erzählten mir, was sie am Morgen erledigt hatten.

Sie hatten Émile getroffen, den Taxifahrer Hélène Lazareffs. Der hatte sich bereit erklärt, uns nach Paris zu fahren, wenn er genügend Benzin zusammenbekäme. Ihm zufolge war das machbar, jedoch erst in zwei oder drei Tagen. Jean-Luc saß auf heißen Kohlen.

Da keine Tageszeitungen mehr erschienen, blieb uns nur das Radio zur Information. Jean-Luc hörte ohne Unterbrechung Europe 1. Man schätzte die Zahl der Streikenden inzwischen auf drei bis sechs Millionen, ganz Frankreich war lahmgelegt. Abgesehen davon, dass Benzin fehlte, wurden auch einige Lebensmittel knapp. Hellsichtig hatte Bambam nach unserer Ankunft in Le

Lavandou sofort den Tabakladen leergeräumt, denn wir alle waren starke Raucher. Was den Rest betraf, konnte man im Haus der Lazareffs lange durchhalten.

Ich verbrachte einen Großteil des Tages am Strand; Rosier kam kurz dazu. Sie war erschöpft von der angespannten Stimmung im Haus, für die vor allem Jean-Luc verantwortlich war. »Genialität entschuldigt nicht alles«, sagte sie mehrmals. In der Furcht, selbst im Schatten etwas Sonne abzukriegen, verließ er nie den Salon, profitierte weder von der Kühle der Bäume im Garten noch von unserem Zimmer. »Er bestraft sich selbst und uns.« Rosier war überzeugte Freud-Anhängerin, was zwischen Jean-Luc und ihr ein häufiger Anlass zur Uneinigkeit war.

Beim Abendessen erzählte er uns, dass in der Rue Vaugirard die Generalstände des französischen Kinos ausgerufen worden waren. »Die Gewerkschaft der Filmtechniker ruft dazu auf und die CGT. Ich frage mich, wohin eine solche Gemengelage führen soll ...« Er war gleichzeitig gespannt und skeptisch, Cournot ebenso. Sie malten sich mögliche Folgen dieser Initiative aus, Jean-Luc schien sich zu entspannen. Seine schlechte Laune richtete sich nun vor allem gegen mich: Er sah mich nicht an, vermied es, mich anzusprechen. Ich war verletzt und hätte gerne klargestellt, dass es nicht meine Schuld war, dass wir hier feststeckten. Doch ich hielt mich zurück, weil ich einen weiteren Streit in Anwesenheit unserer Freunde fürchtete. Außerdem glaubte ich daran, dass ihn, einmal in dem großen Bett Hélènes, das Begehren davontragen und uns wieder versöhnen würde.

Es war noch zu früh, um wieder auf unsere Zimmer zu gehen, und wir hatten alle Lust, im Salon zu sitzen und zu lesen. Ich las erneut eines meiner Lieblingsbücher, *Jules und Jim*, Rosier einen englischen, noch nicht ins Französische übersetzten Roman, Bambam den Briefwechsel Flauberts und Jean-Luc *Das Gastmahl* von Platon.

»Es gibt hier eine sehr schöne Definition der Liebe. Wollt ihr sie hören?«

Er beachtete kaum unsere zustimmenden Antworten und begann:

»Wenn aber einmal einer seine wahre eigene Hälfte antrifft, dann werden sie wunderbar entzückt zu freundschaftlicher Einigung und Liebe und wollen sozusagen auch nicht die kleinste Zeit voneinander lassen.«

Und gleich darauf, wobei er mich böse ansah:

»Ich habe diese wahre eigene Hälfte gefunden, mein Gegenstück, meine Frau, aber sie hat mich sitzenlassen, um in der Sonne zu braten wie ein billiges Starlet!«

Vermutlich wurde ich sehr bleich; schwankend erhob ich mich und verließ den Salon. Rosier schoss hoch.

»Dreckskerl«, fuhr sie Jean-Luc an.

»Was du gerade gesagt hast, war widerlich«, ergänzte Bambam wütend. »Ich hoffe, es war ein Witz – wenn ja, dann war er nicht mal lustig.«

Jean-Luc antwortete nicht und las weiter, als sei nichts geschehen. Ich kannte ihn gut genug, um zu wissen, dass er gerade sehr zufrieden mit sich war. Zum ersten Mal hatte seine schreckliche, tief in ihm vergrabene und manchmal heraufkommende Grausamkeit mir gegolten. Ich brach in Tränen aus, Rosier führte mich in den Garten. Im Vorbeigehen bemerkte ich Cournots mitfühlenden Blick.

Auf einer Steinbank mit Sicht aufs Meer sprach Rosier mal aufgebracht, mal beruhigend auf mich ein. Mir war es gelungen, meine Tränen zurückzudrängen und meine tiefe Enttäuschung etwas zu verbergen. Ich versuchte, auf sie zu hören und mich wie eine Erwachsene zu benehmen. »Er ist das Kind, nicht du«, sagte Rosier.

Als ich hochkam, lag Jean-Luc schon im Bett, das Zimmer war dunkel. Ich ließ mir Zeit im Bad, entkleidete mich und schlüpfte in die Laken.

Jean-Luc lag am anderen Ende des Betts und drehte mir den Rücken zu. Ich erkannte nicht, ob er schlief, sagte nichts und hatte immer noch einen Kloß im Hals. Irgendwann murmelte er, ohne sich mir zuzuwenden:

»Was ich vorhin gesagt habe, tut mir leid, ich habe es nicht so gemeint, und wenn du das geglaubt hast, dann bist du ein Dummkopf.«

»Warum das alles? Was habe ich dir getan?«, flüsterte ich zurück.

Wieder eine lange Pause, dann:

»Mir geht es nicht gut, und ich kann es nicht ertragen zu sehen, wie glücklich du hier bist, im Haus der Lazareffs.«

Ich hätte fast gelacht und gesagt: »Du bist besessen von den Lazareffs«, aber ich war zu beunruhigt.

»Und warum geht es dir nicht gut?«

Er gab keine Antwort, ich wiederholte die Frage. Er zuckte genervt mit den Schultern, um anzudeuten, dass die Diskussion für ihn beendet war. Ich wartete einen Augenblick und rückte dann vorsichtig näher an ihn heran. Da er sich nicht rührte, wagte ich, ihm eine Hand auf den Nacken zu legen und ihn zu streicheln. Er rührte sich immer noch nicht, gab jedoch ruhig und emotionslos Antwort:

»Gib dir keine Mühe. Ich bin auch im Streik. Liebesstreik.«

Ich drehte mich zur anderen Bettkante, konnte kaum noch atmen. Ich wusste nicht, ob bloß ein über Nacht verfliegender Fluch auf diesem Abend lag oder ob sich etwas in ihm zusammenbraute, das ich nicht sah. Weil die Ungewissheit unerträglich wurde, nahm ich eine Imménoctal und schlief schnell ein.

Ich wachte etwas später auf als gewöhnlich, in einem leeren Bett.

Auf der Terrasse traf ich Cournot an, der gerade sein Frühstück beendete. Er erzählte mir, dass Jean-Luc, Rosier und Bambam bei Émile waren, um unsere Rückfahrt nach Paris zu organisieren. Wir sollten am nächsten Morgen losfahren, mit einigen Zwischenstopps zur Beschaffung von Benzin sowie einer Übernachtung bei Fanny und Gilles Deleuze in Lyon. »Bambam möchte auch nach Paris. Weil wir zu wenig Platz im Auto haben, wird Rosier hierbleiben, um das Haus abzuschließen; sie wird schon einen Weg finden heimzukommen. Im Übrigen scheint sie es nicht besonders eilig zu haben …« Ich enthielt mich eines Kommentars, trank meinen Kaffee aus und ging wieder hoch ins Zimmer, um einen Badeanzug und ein weites Hemd anzuziehen. Als ich kurz in den Spiegel sah, machte mir der Anblick fast

Angst. So abgespannt, mit zusammengepresstem Mund und verquollenen Augen, wirkte ich um mehrere Jahre gealtert. Ich erkannte mich nicht wieder. »Genauso wenig, wie ich Jean-Luc wiedererkenne«, dachte ich voller Bitterkeit.

Unten war immer noch Cournot.

»Ich habe auf dich gewartet. Darf ich ein Stück mitkommen?«

Er nahm mir das Frotteehandtuch ab und legte mir eine Hand auf die Schulter. Wir stiegen den piniengesäumten Weg zum Strand hinunter. Seine Ruhe und seine wohlwollende, brüderliche Art beruhigten mich. Doch wenn ich an die vergangene Nacht und die ungewohnte Distanz zwischen Jean-Luc und mir dachte, war mir zum Heulen.

»Er liebt mich nicht mehr«, stieß ich hervor.

»Du dummes Ding!«

Wir hatten den Strand erreicht. Cournot wies auf eine schattige Ecke unter einem Feigenbaum und breitete das Handtuch im Sand aus.

»Ich verabscheue Sonne, Meer und Sand und trage nie Badekleidung.«

Tatsächlich trug er eine Hose und ein bis zum Hals geschlossenes Hemd. Ich war in Sandalen, er behielt seine Socken und Mokassins an.

»Jean-Luc liebt dich tief und aufrichtig. Vor eurer Begegnung habe ich mir Sorgen um ihn gemacht. Er war in sehr schlechter Verfassung, schien an einer unheilbaren Verzweiflung zu leiden, über die er nicht sprach. Er ist nicht fürs Alleinsein gemacht, er braucht seine ›wahre eigene Hälfte‹, wie Aristophanes so schön sagt. Und dann bist du gekommen, und er hat sich verwandelt.«

»Ja, aber jetzt liebt er mich nicht mehr.«

»Doch. Aber ich glaube, dass er in einer schwierigen Phase steckt und wieder dunkler Stimmung ist, wieso, weiß ich nicht. Du musst geduldig und liebend sein, ihm noch deutlicher zeigen, wie wichtig er dir ist.«

Er lächelte mir zu.

»Ich weiß, du bist keine Verführerin und spielst nicht mit den Männern. Aber du hast eine Art, wie ein Kind für andere Lebewesen zu brennen, sie anzuhimmeln, die ihnen gelegentlich Angst machen kann. Dann sagt man sich: ›Sie wird fortlaufen, ich genüge ihren Ansprüchen nicht, ich kann sie nicht halten.‹ Gestern vorm Abendessen zum Beispiel hast du mit dem Hauskater gespielt, man konnte dir deine Liebe zu dem Tier ansehen, du warst so glücklich, so lebensfroh in diesem Moment ... Ich habe zufällig bemerkt, dass Jean-Luc dich nicht aus den Augen ließ; er hat ernsthaft gelitten und sich vermutlich gedacht: ›Ich kann nicht mit diesem Kater konkurrieren.‹«

»Das ist idiotisch. Und außerdem ist es eine Katze.«

Ich spürte, wie meine Gesichtsmuskeln und mein ganzer Körper sich entspannten. Ich lächelte Cournot zu.

»Danke.«

Er erhob sich.

»Noch etwas. Wenn Jean-Luc dich nicht lieben würde und wenn ich Nella nicht lieben würde, dann wären wir unsterblich ineinander verliebt, du und ich. Bloß, dass ich dich in einen Käfig sperren würde ... da das nicht der Fall, habe ich Recht.«

Er gab mir einen flüchtigen, keuschen Kuss auf den Mund und stieg wieder zum Haus hinauf. Glücklich stürmte ich ins Meer, wie befreit von einem Fluch, fühlte seinen Kuss noch auf den Lippen. Ich musste an einen Satz von Colette denken, festgehalten als Jugendliche in meinem Schreibheft: »Kleine Sorge, ich will nicht, dass du zum großen Kummer wirst.« Stammte er aus einem der »Claudine«-Romane?

Während unseres letzten Abendessens in Le Lavandou waren wir alle fünf mit dem Kopf woanders. Aus dem Radio hatten wir erfahren, dass man Dany an der Grenze zurückgewiesen hatte und er seither kein Bleiberecht in Frankreich mehr besaß. Wir hielten das für unfassbar dumm und ungeschickt, doch auch für sehr beunruhigend: Wie ließ sich darauf anders reagieren als mit Wut und Gewalt? Jean-Luc wurde mehrfach angerufen. Er war nun nicht mehr zornig, schien sich nicht mehr darum zu scheren, dass unsere Rückfahrt nach Paris anstrengend würde. Die Aussicht, eine Nacht in Lyon zu verbringen und mit Gilles Deleuze weiterzufahren, hatte ihm nur ein vages »Ist das nicht zu vermeiden?« entlockt und auf das entschiedene »Nein« Bambams: »Gut, du bist der Chef!« – »Ich habe im Zimmer Rasierzeug und ein Hemd in deiner Größe bereitgelegt. Wenn die Bullen uns anhalten, müssen wir einen untadeligen Eindruck machen. Im Moment verschafft uns nur Anne Glaubwürdigkeit, die sieht wie eine Urlauberin aus.« – »Gut, Chef«, hatte Jean-Luc wiederholt.

Später, als wir in Hélènes großem Bett lagen, bat er mich um Entschuldigung für sein gestriges Verhalten; dann schlief er unvermittelt ein. Kurz vor Sonnenaufgang weckte er mich und sagte mir, wie sehr er mich liebte. »Du bist mein Anker, meine einzige Gewissheit.« Wir liebten uns sanft, achtsam. Dann lagen wir nebeneinander in der aufgehenden Sonne, bis es Zeit zum Aufstehen war. Die Katze besuchte uns, blieb aber auf dem Fenstersims sitzen. Ihre stille Anmut beruhigte mich, als würde sie über uns wachen. Trotz seiner Zärtlichkeit spürte ich eine große, unerklärliche, langsam auch auf mich abfärbende Sorge.

Émile, ein beleibter und vergnügter Mann, war voller Vorfreude auf die weite Reise durch ein stillgelegtes Frankreich. »Eine echte Herausforderung!«, wiederholte er immer wieder. Er hatte eine Citroën DS und erklärte uns seinen Schlachtplan: Da er nicht ganz hatte volltanken können, würde er zweimal bei schon eingeweihten Freunden stoppen, die Benzin für uns bereithielten. Am zweiten Tag ebenso. Wir hörten ihm zu, Bambam auf dem Beifahrersitz, Michel, Jean-Luc und ich auf der Rückbank, erleichtert, selbst nichts sagen zu müssen, und überrascht von all den geschlossenen Autowerkstätten und Geschäften am Straßenrand. Auch wenn wir davon schon gehört hatten, war es beeindruckend zu sehen. Die Haushälterin hatte uns ein großzügiges Picknick und einiges zu trinken mitgegeben, und wir rasteten im Garten einer Cousine von Émile. Mir war bewusst, dass ich eine besondere Zeit miterlebte, eine Art Abenteuer, und fragte mich, ob es den Älteren wohl ähnlich ging.

Gegen Abend erreichten wir Lyon, wo Gilles und Fanny Deleuze uns erwarteten. Sie hatten das Radio eingeschaltet.

In Paris fand eine Versammlung vor der Turmuhr der Gare de Lyon statt, um gegen die Ausweisung Dany Cohn-Bendits zu protestieren. An den Transistorradios verfolgten Tausende live, wie General de Gaulle ein baldiges Referendum ankündigte: Wollten die Franzosen ihn immer noch an der Staatsspitze? Andernfalls werde er zurücktreten. Man hörte auch die Lautsprecher, die seine Ansprache übertrugen, was eine solche Kakophonie ergab, dass wir nicht alles mitbekamen. Aber das Wesentliche verstanden wir. Die Antwort der Menge war eindeutig: »Adieu, de Gaulle, adieu, de Gaulle, adieu!«, skandierten Hunderte im Chor. »Adieu, de Gaulle, adieu!«, echoten auch zwei junge Stimmen neben uns. Die kleinen Kinder unserer Gastgeber hatten sich auf leisen Sohlen in den Salon geschlichen, wir sahen sie zum ersten Mal. Ihre verschmitzten und fröhlichen Gesichter lockerten die Stimmung auf – denn was gerade in Paris vor sich ging, war beunruhigend. Zum Ende seines Berichts wies der Journalist auf etwas hin, das uns entgangen war: In Erwartung der Demonstration hatte die Polizei alle Zugänge zum Quartier Latin gesperrt. Er ergänzte, dass sich zur Stunde einige Gruppen am linken Seine-Ufer aufhielten und entschlossen schienen, sich den Anweisungen der Organisatoren zu widersetzen, selbst wenn viele schon aufgaben.

Gilles Deleuze schaltete das Radio aus, Fanny brachte kühle Getränke. Wir würden bald zu einer Pizzeria in der Nähe gehen, aber Gilles wollte noch mehr Details über den Abbruch des Festival de Cannes hören. Michel und Jean-Luc blieben wortkarg – der eine, weil er nicht daran beteiligt gewesen war, der andere, weil er schlechte Laune hatte. Als Deleuze sich daraufhin an mich wandte, musste ich etwas beschämt zugeben, am Strand gewesen zu sein. Nun sah er mich interessierter an.

»Sie sehen tatsächlich sehr erholt aus. Wie eine Aprikose ...«

»... eine goldene«, ergänzte Jean-Luc kühl.

Bambam griff rasch ein.

»Erzähl uns, wie die Lage an den Unis von Lyon ist.«

Nach dem Abendessen zurück in der Wohnung, hörten wir wieder Radio.

Atemlos berichtete ein Journalist auf Europe 1, dass sich immer mehr Jugendliche versammelten, einige von ihnen mit Schals vermummt. Man hörte die unterschiedlichsten Parolen – mit denen der Versammlung vor der Bahnhofsuhr am Spätnachmittag hatten sie nichts mehr zu tun. Barrikaden wurden errichtet, einige Autos standen schon in Flammen, ebenso die Müllhaufen am Straßenrand. Die Gewerkschafts- und Studentenführer nutzten die ihnen entgegengestreckten Mikrophone, um zur Ruhe aufzufordern – scheinbar jedoch ohne Erfolg. Die rasch gerufene Polizei, die Zusammenstöße rund um das Quartier Latin erwartet hatte, griff erst spät ein. Kurz darauf brannte die Börse, Symbol des Kapitalismus, unter dem Gejubel einer wie trunkenen Menschenmasse. Zeitgleich nutzten andere Gruppen den teilweisen Abzug der Polizei, um das Quartier Latin zu stürmen. Einige Reporter an vorderster Front sprachen von »flächendeckendem Chaos«.

Cournot wollte als Erster schlafen gehen; es war nach Mitternacht, und wir mussten früh aufstehen. Den ganzen Abend über waren wir schweigsam gewesen. Nur Deleuze hatte hin und wieder eine Frage gestellt, doch es klang eher nach einem Selbstgespräch, und keiner hatte geantwortet. Er schaltete das Radio aus. Bambam schlief im Gästezimmer, Jean-Luc und ich in dem der Kinder, die bei Nachbarn einquartiert waren, Cournot auf dem Sofa im Salon. Wir wünschten uns knapp eine gute Nacht, das war alles.

Während des Frühstücks mit Émile am nächsten Morgen hingen wir wieder wie gebannt am Radio. Die Journalisten auf Europe 1 beschrieben die vergangene furchtbare Pariser Nacht, in der zahlreiche wildgewordene Gruppen voll blinder Zerstörungswut den Boulevard Saint-Michel und seine angrenzenden Straßen in Schlachtfelder verwandelt und alles in Brand gesetzt hatten. Mit den politischen Kundgebungen der vergangenen

Tage hatte das nichts mehr zu tun, »die rote Linie wurde überschritten«, sagte einer von ihnen. Inzwischen schlug die öffentliche Meinung um – die Franzosen waren abgestoßen von der unmotivierten Gewalt und wünschten sich eine rasche Rückkehr zum Alltag und die Wiederaufnahme der Arbeit.

»Und wenn so der Höhepunkt der Studentenbewegung aussähe?«, fragte Deleuze.

Er hatte die Frage in den Raum gestellt, aber in Wahrheit richtete er sie an Jean-Luc. Der schüttelte machtlos den Kopf.

»Ich weiß es nicht.«

»Aber was halten Sie davon?«, insistierte Deleuze.

»Genau das: Ich weiß nicht mehr, was ich davon halten soll.«

Er sah so verzweifelt aus, dass es mir das Herz zusammenzog.

Émiles Citroën rollte weiter. Bambam, der über stechende Rückenschmerzen klagte, saß bequem auf dem Vordersitz, Cournot, Deleuze, Jean-Luc und ich zusammengequetscht auf der Rückbank. Die Fahrt verlief wie am Vortag, mit zwei Tankstopps bei Privatleuten. Während des ersten Halts entdeckten wir ein offenes Restaurant zum Mittagessen. Ein idyllischer Ort, gutes Wetter – wir fuhren durch ein Frankreich wie von Charles Trenet besungen. Doch niemand von uns hatte Lust zu singen. Wir alle sahen Paris sorgenvoll entgegen. Nur Deleuze hatte unverstellt gute Laune.

Er sprach viel, stellte Fragen an sich selbst und an die anderen. Sein alter Weggefährte Bambam antwortete wie aus der Pistole geschossen, scherzend und ehrfürchtig zugleich. Cournot redete nur wenig, aber wenn, dann kommentierte er landschaftliche Details oder ein Kind, das einsam mit seinem Ball spielte. Jean-Luc schwieg hartnäckig, ich hielt mich wie üblich zurück.

Etwa einhundert Kilometer vor Paris mussten wir an einer Straßensperre halten. Die Polizisten winkten uns an den Rand und ließen sich unsere Ausweise zeigen. Dann wollten sie unser Gepäck durchsuchen. »Ich steige mit Anne und Émile aus. Ihr übrigen bleibt brav im Auto«, sagte Bambam. Deleuze und Jean-Luc erhoben Einspruch. »Ihr macht, was ich euch sage. Ich kenne Jean-Lucs Provokationslust gut genug – und deine Hexenkrallen, Gilles, sind einfach unmöglich.« Zum ersten Mal lächelte Jean-Luc. »Deleuze ist beleidigt wie ein Schuljunge!«, rief er und zeigte auf unseren plötzlich mürrischen Reisebegleiter.

Wir mussten den vier Polizisten unsere Taschen und Koffer öffnen, sie leerten sie gewissenhaft aus, bevor wir wieder zusammenpacken durften. »Das ist wegen gestern Nacht, die suchen nach Waffen«, murmelte Bambam. Weil sie uns nichts anlasten konnten, mussten sie uns schließlich wohl oder übel ziehen lassen. Nur wenige Autos hatten noch Benzin, daher waren wir verdächtig. Sie machten sich natürlich nicht die Mühe, ihre Kollegen zu informieren, und dasselbe Spiel wiederholte sich vor Paris. Später erfuhren wir, dass an allen Zugängen zur Hauptstadt Straßensperren eingerichtet waren und dass man tatsächlich nach Waffen suchte.

In der Rue Saint-Jacques erwartete mich eine böse Überraschung.

Während unserer Abwesenheit hatte sich Jean-Jock im Salon eingerichtet, inmitten von Bergen aus Schmutzwäsche, leeren Bierflaschen, Broschüren und Flugblättern. Einige unserer Schallplatten waren auf dem Teppich verstreut. Jean-Luc, der damit gerechnet hatte, nach wenigen Tagen heimzukehren, hatte ihm seinen Schlüsselbund überlassen, und Jean-Jock hatte die Gelegenheit genutzt und war geblieben. Als er uns sah, intonierte er gutgelaunt:

Comme faucheurs rasant un pré
Comme on abat des pommes,
Les Versaillais ont massacré
Pour le moins cent mille hommes …

Weiter kam er nicht, denn ich unterbrach ihn wütend.

»Du räumst sofort diesen Saustall auf und machst,

dass du wegkommst. Ich hab dir schon mal gesagt, dass du hier nicht wohnst!«

Er setzte eine traurige Miene auf.

»Ich dachte ...«

»Jetzt denkst du nichts mehr, du packst deine Sachen zusammen, auch die leeren Flaschen, und verziehst dich.«

Er warf Jean-Luc flehende Blicke zu. Der war mit der Situation überfordert und schloss sich in seinem Büro ein, indem er die Tür hinter sich zuknallte. Die Vorstellung, auch noch mit ihm zu streiten, dämpfte meine Wut, und ich schlug einen versöhnlicheren Ton an:

»Wir können dich hin und wieder beherbergen, aber ich möchte nicht, dass du bei uns wohnst. Wir kommen von einer anstrengenden Reise wieder, also gehst du jetzt. Wir essen, und wenn wir wiederkommen, will ich hier nichts mehr sehen.«

Jean-Jock sammelte seine Kleidung zusammen und protestierte nicht mehr, blickte aber weiter drein wie ein geprügelter Hund, was mir langsam ein schlechtes Gewissen machte.

»Wir sind nicht deine Eltern, Jean-Jock ...«

»Wie schade, so eine hübsche Mama und ein Papa namens Godard ...«

Weil ich fürchtete, die Situation könne umschlagen, verließ ich den Raum und holte Jean-Luc. Er war sofort einverstanden, auswärts zu essen, und erleichtert, dass er keinen Streit zwischen Jean-Jock und seiner Frau zu schlichten hatte. Fast schon unten angekommen, rief er ihm zu:

»Lass die Schlüssel im Briefkasten, nachdem du dreimal abgeschlossen hast. Bis morgen, *camarade*!«

»Bis morgen, *camarade*!«

Puh, ich hatte gesiegt.

An jeder Kreuzung, an jeder Straßenecke standen Polizisten und kontrollierten die Personalien der Passanten, dabei wirkte das Viertel seltsam ruhig, ja ausgestorben. Dreimal mussten wir die von Pierre glücklicherweise bearbeiteten Schweizer Pässe vorzeigen.

»Warst es nicht du, die im Quartier Latin wohnen wollte, weil du die ›Place Beauvau leid warst, den

Élysée-Palast und die ganzen Polizisten‹?«, fragte Jean-Luc.

Das brachte mich zum Lachen. Auch er lachte, als hätte er ein Tor geschossen, und für einen Abend löste sich die Anspannung der letzten Tage.

Jean-Luc schlief lange, ich ebenso. Als er endlich wach war, ging er duschen, weigerte sich jedoch sich zu rasieren oder saubere Kleidung anziehen, um nicht wie ein Urlaubsheimkehrer auszusehen. »Versprich mir, nicht weiterzuerzählen, dass wir im Haus der Lazareffs waren«, hatte er mich vor dem Schlafengehen beschworen. Ich hatte es versprochen.

Nun konnte er sich nicht entscheiden. Er wollte zu den Generalständen der Filmleute, die in der Rue de Vaugirard abgehalten wurden, zum seit dem 15. Mai besetzten Théâtre de l'Odéon, zur École des beaux-arts und zu den Arbeitsräumen Chris Markers. Er rief ein paar Leute an, unter anderem François Truffaut, wovon er schlechte Laune bekam, doch er bequemte sich nicht mir zu sagen wieso.

Die Polizisten hatten sich in Luft aufgelöst, und rund um die Sorbonne war einiges los. Menschen gingen ein und aus, diskutierten auf der Straße, es war nicht zu erkennen, woher sie kamen, wer Student war und wer nicht. Wir liefen von Gruppe zu Gruppe, bis wir am Théâtre de l'Odéon ankamen.

Was ich dort sah, erschütterte mich nachhaltig. Dies war für mich ein heiliger Ort; nun war er von einer Ansammlung schmutziger Menschen entweiht, die träge in Sesseln hingen, in denen sie offensichtlich die Nacht verbracht hatten. Der Boden war mit Unrat übersät wie die Straßen der Stadt, wo die Abfallberge beeindruckende Ausmaße angenommen hatten. Man drängte sich auf der Bühne, verstieg sich zu konfusen, weitschweifigen, ja absurden Ansprachen.

Jemand erkannte in mir die Darstellerin aus *Die Chinesin* und herrschte mich an: »Na, Kameradin, nervst du uns jetzt mit den Sprüchen des ollen Maoistenschweins?«, während andere junge Leute sich um Jean-Luc versammelten und ihn aufforderten, auf die Bühne zu gehen, um die Haltung der französischen Filmschaffenden darzulegen. Ich stand bald wieder vor der Tür, doch auch Jean-Luc kam sogleich nach. Schweigend hörte er sich an, wie ich meinem Ärger und Ekel angesichts der Entweihung meines geliebten Theaters Luft machte. Immer wieder fragte ich ihn nach seiner Meinung, und er antwortete teilnahmslos: »Jede Revolution beinhaltet Überschreitungen. Wenigstens herrschen an der Sorbonne und im Odéon Redefreiheit.« – »Schwachsinn!«, rief ich, zunehmend verärgert.

Seit wir unsere Wohnung verlassen hatten, kam mir etwas komisch vor, etwas, dem ich nicht auf den Grund ging und das ich an der Ecke Rue de Vaugirard/Boulevard Raspail realisierte: Es fuhren keine Autos mehr, nur noch ein paar Fahrräder, und ungestört liefen die Leute herum, mitten auf den Straßen. Ich wies Jean-Luc darauf hin, der nun aufmerksamer um sich sah. »Jetzt sieht man das wahre Paris«, sagte er, und, indem er den Titel des von uns geliebten Hemingway-Buchs paraphrasierte: »Paris – endlich ein Fest fürs Leben.«

Die École nationale de photographie et de cinéma ähnelte einem Bienenstock; fast der gesamte Berufsstand war versammelt. Es waren Ausschüsse gebildet worden, in denen man Maßnahmen zur Reformierung des Kinos erarbeitete, die anschließend allen vorgeschlagen wurden. Im großen Saal saßen Regisseure, Techniker und Schauspieler, teils aufmerksam zuhörend, teils mit ihren Nachbarn plaudernd. Viele kannten und begrüßten sich.

Jean-Lucs – obgleich diskretes – Eintreten sorgte für Aufsehen. Manche erhoben sich und gratulierten ihm zu seinem Beitrag zum Abbruch des Festival de Cannes. Louis Malle, der auch da war, schüttelte ihm die Hand. Jean-Luc rang sich ein Lächeln ab, diese übergroße Freundlichkeit störte ihn, denn er hielt sie, wie er mir später sagte, für »belanglos«. Ich erhielt viele Komplimente für mein erholtes Aussehen. »Man könnte meinen, du bist erst fünfzehn!«, rief eine doppelt so alte Schauspielerin. – »Übertreiben muss man auch nicht, sie ist einundzwanzig«, korrigierte Jean-Luc. Er hatte mir den Strand verziehen und wirkte nun stolz, dass ich an

Es grünt so grün …

… frische Bücher

Wagenbach

Literatur aus Frankreich und Italien

Tristan Garcia
Faber. Der Zerstörer *Roman*

Faber verschwand eines Tages so, wie er damals aufgetaucht war: plötzlich und geräuschlos. Mehr als zehn Jahre später erreicht seine beiden Jugendfreunde Madeleine und Basile ein Hilferuf – und nicht nur in ihren Köpfen beginnt die ganze Geschichte von vorn …

Aus dem Französischen von Birgit Leib
Quart*buch*. Gebunden mit Schutzumschlag
432 Seiten. Auch als E-Book erhältlich
€ 24,– [D] / € 24,70 [A] ISBN 978-3-8031-3288-8

Michela Murgia **Chirú** *Roman*

Wer macht uns zu dem, was wir sind? Wir werden es nicht von allein, sondern durch Menschen, die uns prägen, leiten, beeinflussen. Was für ein Glück – und welche Gefahr zugleich. Wieder lotet Michela Murgia die ungewöhnliche emotionale Bindung zwischen zwei Menschen aus.

Aus dem Italienischen von Julika Brandestini
Quart*buch*. Gebunden mit Schutzumschlag
208 Seiten. Auch als E-Book erhältlich
€ 20,– [D] / € 20,60 [A] ISBN 978-3-8031-3287-1

Tanguy Viel **Selbstjustiz** *Roman*

Ein Mann ertrinkt auf hoher See – war es Unfall oder Mord? Der Verdächtige vertraut dem Richter ganz ungeschützt seine Lebensbeichte an. Ein fein ziselierter Roman über Schicksal und Moral.

Aus dem Französischen von Hinrich Schmidt-Henkel. Quart*buch*. Gebunden mit Schutzumschlag. 176 Seiten. Auch als E-Book erhältlich
€ 20,– [D] / € 20,60 [A] ISBN 978-3-8031-3290-1

Mit Alan Bennett ins Museum

Alan Bennett
Geht ins Museum

Haben Sie sich schon mal mit Alan Bennett amüsiert? Diesmal können Sie mit ihm die Welt der Kunst entdecken.

Aus dem Englischen von Ingo Herzke
SVLTO. Rotes Leinen. Fadengeheftet
144 Seiten mit vielen Abbildungen
€ 18,– [D] / € 18,50 [A]
ISBN 978-3-8031-1326-9

Alan Bennett verbringt seit seinem ersten Schulausflug im Jahre 1957 viel Zeit in Museen. Völlig unvoreingenommen und ohne falsche Scheu lässt er seine Gedanken bei der Bildbetrachtung frei schweifen und hat dabei manch einen überraschenden Geistesblitz. Selbst Autoritäten wie Caravaggio, Rembrandt, Michelangelo, Bellini, Tizian, Vermeer oder Hockney entgehen seiner exzentrischen Bilderstürmerei nicht – kein Mythos, der ihn aufhalten würde. Bennetts Lieblingsgemälde lassen seine Diebstahlphantasien erblühen. Ebenso gerne wie auf die Bilder richtet er aber auch den Blick auf die Museumsbesucher, die sich für alles zu interessieren scheinen, nur nicht für die Kunst.

Nebenbei erzählt Bennett einiges über skurrile englische Gebräuche und verrät Anekdoten und Ernsthaftigkeiten aus seinem eigenen bewegten Leben, von Ingo Herzke wie immer kongenial übersetzt. Sie werden die Welt der Museen fortan anders betreten, beschwingter in jedem Fall.

Alan Bennett liebt die Kunst. Aber ob die Kunst ihn liebt, so wie er über sie spricht, ist ungewiss.

Menschen im Hotel

Markus Orths
Das Zimmer-mädchen
WAT 798. 128 Seiten
€ 10,– [D] / € 10,30 [A]
ISBN 978-3-8031-2798-3

Vicki Baum
Hotel Berlin
WAT 799. 288 Seiten
€ 14,– [D] / € 14,40 [A]
ISBN 978-3-8031-2799-0

Christoph Meckel
Der wahre Muftoni
WAT 800. 128 Seiten
€ 10,– [D] / € 10,30 [A]
ISBN 978-3-8031-2800-3

Jaroslav Rudiš
Grand Hotel
WAT 801. 208 Seiten
€ 12,– [D] / € 12,40 [A]
ISBN 978-3-8031-2801-0

Arnold Bennett
Hotel Grand Babylon
WAT 802. 256 Seiten
€ 14,– [D] / € 14,40 [A]
ISBN 978-3-8031-2802-7

Giorgio Bassani
Die Brille mit dem Goldrand
WAT 803. 112 Seiten
€ 10,– [D] / € 10,30 [A]
ISBN 978-3-8031-2803-4

Verrückte, atemberaubend großartige Romane, die in Hotels spielen – für Ihre nächste Reise – oder das Sofa zuhause!

Außen- und Innenansichten

Monika Wagner
Marmor und Asphalt *Soziale Oberflächen im Berlin des 20. Jahrhunderts*

Aus welchem Stoff besteht Berlin? Was erzählen die Oberflächen aus Granit und Marmor, Glas, Beton und Stahl, aus Asphalt und Keramik über die Interessen von Erbauern und Bewohnern der Metropole? Ein erhellender Blick auf die Stadt des 20. Jahrhunderts.

Klappenbroschur. Großformat. 208 Seiten mit vielen größtenteils farbigen Abbildungen.
€ 24,– [D] / € 24,70 [A] ISBN 978-3-8031-3671-8

Tobias Prüwer **Welt aus Mauern**
Eine Kulturgeschichte

Mauern werden von Menschen errichtet, überwunden, zum Einsturz gebracht und danach umso höher gebaut. Mauern schützen, hegen ein, grenzen ab und sperren aus. Was geschieht mit den Menschen, die sie gebaut haben, und denen, die vor oder hinter einer Mauer leben?

WAT 796. Broschur. 160 Seiten
€ 12,90 [D] / € 13,30 [A] ISBN 978-3-8031-2796-9

Wolfgang Ullrich
Wahre Meisterwerte
Stilkritik einer neuen Bekenntniskultur

Warum reden wir unablässig von Werten? Werte zu beschwören und danach zu handeln gibt das wohlige Gefühl, etwas Gutes zu tun. Doch reicht das? In seinem neuen Buch argumentiert Ullrich gesellschaftskritisch, und er scheut sich auch diesmal nicht, zu provozieren.

Klappenbroschur. 176 Seiten mit vielen Abbildungen
€ 18,– [D] / € 18,50 [A] ISBN 978-3-8031-3668-8

Stadtbaukunst der Neuzeit

Vittorio Magnago Lampugnani
Die Stadt von der Neuzeit bis zum 19. Jahrhundert
Urbane Entwürfe in Europa und Nordamerika

Gebunden mit Schutzumschlag
Großformat. 384 Seiten mit ca. 350 größtenteils farbigen Abbildungen
€ 98,– [D] / € 100,80 [A]
ISBN 978-3-8031-3667-1

Die Aufgabe ist sehr einfach und sehr schwer: Städte zu bauen für Menschen, die darin wohnen. Vittorio Magnago Lampugnani überblickt die verwickelte Geschichte der abendländischen Stadt und erzählt sie anhand ihrer bedeutsamsten Episoden.

Nach seiner überaus erfolgreichen Geschichte der Stadt im 20. Jahrhundert hat Vittorio Magnago Lampugnani nun gewissermaßen den Vorläufer zu seinem Opus Magnum verfasst. Aus der Entwicklung von der Neuzeit zum 19. Jahrhundert greift er die wohl glorreichsten, gewiss aber entscheidenden Momente heraus und entwirft ein funkelndes Kaleidoskop abendländischer Stadtbaukunst: Von den mittelalterlichen Stadtstaaten über die urbanistischen Erfindungen der Renaissance und die perspektivischen Strategien des Barock bis zu den gewaltigen Modernisierungen durch die sich das Bürgertum die traditionelle Stadt aneignete.

»Mit dem edlen, hinreißend illustrierten Band vollendet der renommierte Architekturhistoriker seine Geschichte der Stadtbaukunst. Anschaulich und präzise wird ein Überblick über die komplexe Geschichte der abendländischen Stadt vermittelt.«
Sabine Graichen, Börsenblatt

»Der Stoff zum Staunen geht in Lampugnanis wissenschaftlich fundiertem und doch leicht lesbarem Buch nie aus.«

Gottfried Knapp, Süddeutsche Zeitung

Politik

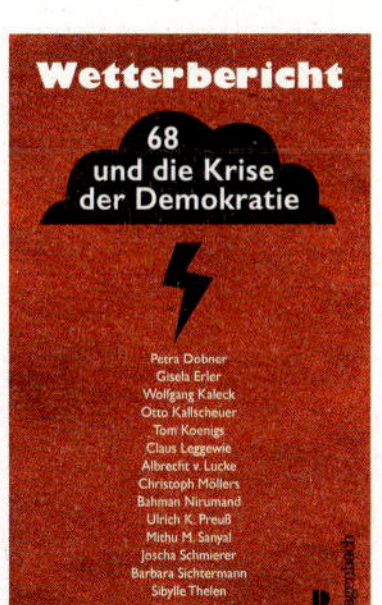

Wetterbericht

68 und die Krise der Demokratie

Kein nostalgischer Rückblick auf 68: Wagenbach-Autoren untersuchen, was die momentane Krise der Demokratie mit 68 zu tun hat. Eine aktuelle Streitschrift.

Herausgegeben von Susanne Schüssler
Klappenbroschur. 208 Seiten
€ 20,– [D] / € 20,60 [A] ISBN 978-3-8031-3669-5

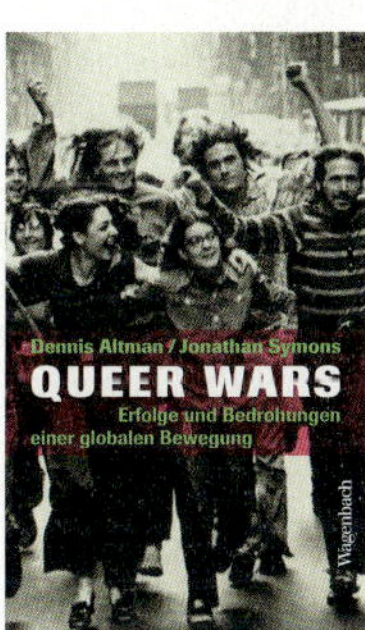

Dennis Altman, Jonathan Symons
Queer Wars *Erfolge und Bedrohungen einer globalen Bewegung*

Die Homosexuellen-Bewegung konnte in den letzten Jahrzehnten enorme Erfolge verzeichnen, gleichzeitig wird sie vielerorts vehement bekämpft. Ein kenntnisreicher und ermutigender Überblick.

Mit einem Vorwort von Daniel Schreiber
Aus dem Englischen von Hans Freundl
Klappenbroschur. 160 Seiten
€ 18,– [D] / € 18,50 [A] ISBN 978-3-8031-3670-1

André Gorz und die zweite Linke

Die Aktualität eines fast vergessenen Denkers

Der Brief an seine Frau Dorine kurz vor ihrem gemeinsamen Freitod machte Gorz schlagartig weltberühmt. Seine politischen Analysen aber sind in den gegenwärtigen politischen und ökonomischen Krisen unverzichtbar.

Herausgegeben von Claus Leggewie und Wolfgang Stenke. Aus dem Französischen von Eva Moldenhauer. WAT 785. Broschur. 176 Seiten
€ 13,90 [D] / € 14,30 [A] ISBN 978-3-8031-2785-3

Der Roman über den Arabischen Frühling

Omar Robert Hamilton
Stadt der Rebellion
Roman

Aus dem Englischen
von Brigitte Walitzek
Quart*buch*
Gebunden mit Schutzumschlag
320 Seiten. Auch als E-Book erhältlich
€ 24,– [D] / € 24,70 [A]
ISBN 978-3-8031-3294-9

Sie sind jung, und sie begehren auf gegen die Übermacht des Regimes. Auf die Euphorie des Arabischen Frühlings folgen niederschmetternde Rückschläge. Der Protest wird lebensgefährlich. Aber die Hoffnung auf eine neue Zukunft bleibt.

Kairo, 2011. Alles scheint möglich. Die ganze Welt schaut hin, als die ägyptischen Aufständischen nicht müde werden, lautstark gegen die Diktatur zu protestieren, trotz aller Gewalt von Polizei und Militär.

»Das Buch erweckt die gescheiterte Revolution in den Straßen von Kairo zum Leben, in all ihrem jugendlichen Mut und naiven Utopismus.«

J. M. Coetzee

Omar Robert Hamilton ist Sohn einer ägyptisch-palästinensischen Mutter und eines britischen Vaters, beide ebenfalls Autoren. Er arbeitet als Filmemacher und Essayist. Außerdem ist er Mitbegründer eines Aktivisten- und Medienkollektivs in Kairo und des Palestine Festival of Literature. Sein Debütroman *Stadt der Rebellion* wurde in mehrere Sprachen übersetzt.

Die jungen Wilden

Émilie de Turckheim
Popcorn Melody *Roman*

Ein Roman über einen dichtenden Ladenbesitzer in der amerikanischen Wüste. So explosiv wie erhitzter Mais, federleicht und warm wie gepopptes Corn. Gut gelaunt, nachdenklich und poetisch.

Aus dem Französischen von Brigitte Große
Quart*buch*. Klappenbroschur
208 Seiten. Auch als E-Book erhältlich
€ 18,– [D] / € 18,50 [A] ISBN 978-3-8031-3289-5

Rita Indiana
Tentakel *Roman*

Ein karibischer Roman vom Strand der Zukunft – und die uralte Frage, brennend wie der Kuss einer Seeanemone: Wer ist Ich?

Aus dem dominikanischen Spanisch von Angelica Ammar. Quart*buch*. Klappenbroschur
160 Seiten. Auch als E-Book erhältlich
€ 18,– [D] / € 18,50 [A] ISBN 978-3-8031-3293-2

Wohnblockblues mit Hirtenflöte
Rumänien neu erzählen

Walachei und Schwarzes Meer, Transsilvanien und Karpaten: Verwunschene Landschaften, uralte Städte, Armut und Idyll. Abseits von Klischees wird hier über eine fast unbekannte, zeitgenössische europäische Literaturlandschaft geschrieben.

Herausgegeben von Michaela Nowotnick und Florian Kührer-Wielach. WAT 794. Broschur. 240 Seiten
€ 13,90 [D] / € 14,30 [A] ISBN 978-3-8031-2794-5

Sentimentale Reisen

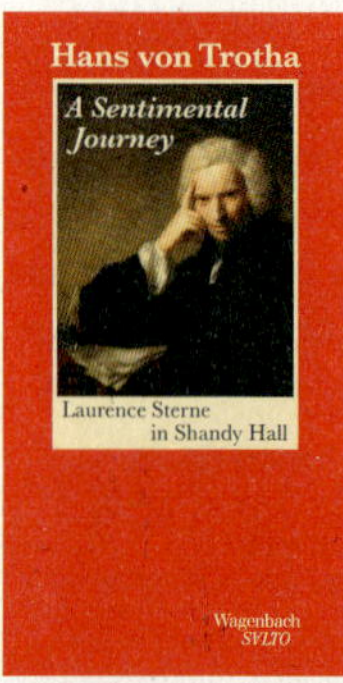

Hans von Trotha
A Sentimental Journey
Laurence Sterne in Shandy Hall

Ein Gentleman, ein Buch, eine Reise … Der Englandkenner Hans von Trotha entführt ins 18. Jahrhundert, als die Perücken gelüftet und die Krägen gelockert werden durften, als man empfindsame Briefe schrieb und ebensolche Romane.

SVLTO. Rotes Leinen. Fadengeheftet
144 Seiten mit vielen Abbildungen
€ 17,– [D] / € 17,50 [A]   ISBN 978-3-8031-1332-0

Dieter Richter
Die Insel Capri *Ein Portrait*

Dieter Richter – ausgewiesener Kenner des italienischen Südens – geht der Faszination nach, die das winzige Eiland im Golf von Neapel ausstrahlt. Ein neuer, überraschender Blick auf die Landschaft, Geschichte und Kultur der Insel Capri.

WAT 795. Broschur
224 Seiten mit vielen Abbildungen
€ 14,90 [D] / € 15,40 [A]   ISBN 978-3-8031-2795-2

Andreas Beyer
Die Kunst – zur Sprache gebracht

Einer der engagiertesten Kunsthistoriker unserer Zeit in ausgewählten Texten – selbstverständlich mit Bildern.

Herausgegeben von Lena Bader, Johannes Grave und Markus Rath. WAT 784. Broschur
208 Seiten mit vielen Abbildungen
€ 14,90 [D] / € 15,40 [A]   ISBN 978-3-8031-2784-6

seiner Seite war. Wir setzten uns, Louis Malle nahm seinen Vortrag wieder auf.

Ein weiterer folgte ihm und dann noch einer. Ich begann, mich fürchterlich zu langweilen, und hörte nur noch mit halbem Ohr hin, achtete mehr auf das Kommen und Gehen. Es waren einige große Namen anwesend, die ich verehrte, ohne sie persönlich zu kennen. Alle schienen hier miteinander zu reden – würde auch ich es wagen, sie anzusprechen?

Sämtliche Cafés rund um die Schule waren geöffnet. Ich ging in das nächstgelegene und sah Armand, seine Freundin Pat und zwei seiner Kumpels, einen Kameramann und einen Toningenieur. Sie aßen Sandwiches, tranken Weißwein und luden mich zu sich an den Tisch ein. Armand erzählte mir von der Unterbrechung der Dreharbeiten von *La Bande à Bonnot*. Niemand wusste, wann es weiterginge. Für seine Freunde und ihn waren es lustige Ferien. Sie sympathisierten mit der Studentenbewegung, glaubten jedoch nicht eine Minute an die Möglichkeit einer Revolution. Jean-Claude, der Toningenieur, war gerade aus Kalkutta zurückgekehrt, wo Louis Malle einen Dokumentarfilm gedreht hatte; er war unter ihnen der Skeptischste: »Nach drei Monaten Indien wirkt das hier wie eine Revolution verwöhnter Kinder«, sagte er, freundlich allerdings und ohne jede Aggression. Er, der Kameramann Patrice, Armand und seine Freundin Pat, eine Regieassistentin, waren erst knapp dreißig. Mit ihnen fühlte ich mich wohl, sie nahmen sich selbst nicht ernst und schwangen keine großen Reden.

Jean-Luc holte mich ab, und wir machten uns auf den Weg zu Chris Marker. In einem Raum produzierten mehrere junge Leute und er am laufenden Band aktivistische Filme, kürzer als drei Minuten und *ciné-tracts* genannt. Jean-Luc gefiel, dass sie subversiv waren, frech und vor Kreativität sprühten. »Ich würde mich euch gerne anschließen, wenn ihr mich akzeptiert«, sagte er bescheiden. Er wurde von allen begrüßt. Chris Marker wandte sich an mich.

»Und Sie auch.«

»Ach, ich ...«

Lächelnd musterte er mich von Kopf bis Fuß:

»Was für eine schöne Frau, und dann auch noch mit russischen Wurzeln!«

Später, als wir wieder auf der Straße waren, erfuhr ich von Jean-Luc, dass Chris Marker, den er für seine Integrität und seine innovativen Filme bewunderte, sehr empfänglich für die Schönheit der Frauen war, besonders der russischen. Von da an sprachen wir endgültig nicht mehr über meine Tage am Strand.

Nun wollte er weiter zur École des beaux-arts, wo man die beeindruckenden Plakate herstellte, mit denen die Mauern des Quartier Latin überzogen waren. Wir waren kilometerweit gelaufen, ich war die vielen Begegnungen langsam etwas leid und hatte eine Idee. An der Kreuzung der Boulevards Saint-Michel und Saint-Germain trennten wir uns. Jean-Luc wies auf das Eckcafé Le Cluny.

»Um sechs Uhr bin ich dort verabredet, mit Charles. Ich hätte gerne, dass du auch kommst, mit Jean-Jock. Wirst du da sein?«

Ich nickte zerstreut, konnte es kaum erwarten, meinen Plan umzusetzen. Er war einfach. Da keine öffentlichen Verkehrsmittel mehr fuhren, würde ich mich auf Rollschuhen fortbewegen! Ich erinnerte mich an einen Spielzeugladen unweit unserer Wohnung, hatte nur Sorge, er könne geschlossen sein.

War er nicht. Die Verkäuferin, die sich über die Kundschaft freute, zeigte mir zuvorkommend ihre Auswahl. Ich wählte ein Paar Schuhe aus, die sie mir umschnürte, ich zahlte und rollte los, meine Espadrilles unterm Arm.

Zunächst fuhr ich vorsichtig. Unter dem belustigten Blick der Passanten drehte ich, mehr schlecht als recht, einige Runden im Viertel. Dann schnallte ich die Schuhe ab und ging hinauf in die Wohnung.

Ich hatte meine Mutter einmal aus Le Lavandou angerufen, nun musste ich Bescheid geben, dass ich zurück war. Mitfühlend und belustigt lauschte sie dem Bericht über meinen Aufenthalt bei den Lazareffs, die sie kannte und schätzte, über die lange Reise im Taxi. Es störte sie nicht, uns nicht besuchen zu können, sie bedauerte nur, nicht zu Fuß ins Quartier Latin zu kommen. Wie ihr Vater, ihre Mutter und der Rest der Familie war sie besorgt darüber, dass ganz Frankreich von Streiks lahmgelegt war. Doch alle hatten sie weiter uneingeschränktes Vertrauen in den General de Gaulle. Nur Pierre amüsierte sich; dank seines Mofas fuhr er überall in Paris herum und kam heim, wann es ihm beliebte. »Ich habe keinerlei Autorität mehr über ihn«, klagte sie. Doch er war auch ein unmittelbarer Zeuge des Alltags im Quartier Latin, was insbesondere unseren Großvater interessierte. Ihr Verhältnis hatte sich dadurch verbessert.

Jemand rief an und lud Jean-Luc ein, am nächsten Tag an die École nationale de photographie et de cinéma zu kommen, wo eine »wichtige Vollversammlung« anstehe. Ich versprach, die Nachricht weiterzugeben, und verließ die Wohnung, denn es war bald Zeit für das Treffen. Am Fuße der Treppe verstaute ich die Espadrilles in meiner Umhängetasche und zog erneut die Rollschuhe an. Schon in der Rue Saint-Jacques merkte ich, wie ich an Sicherheit gewann. Ich hielt besser Gleichgewicht, traute mich schneller zu fahren.

Ein anerkennendes Pfeifen ließ mich den Blick wenden. Ohne ihn zu bemerken, war ich am Boulevard Saint-Germain an Jean-Jock vorbeigefahren. Ich stoppte so abrupt und ungeschickt, dass ich mich an den Schultern eines älteren Herrn festhalten musste, um nicht auf dem Bürgersteig zu landen. Er half mir wieder auf und grummelte: »Diese Jugend denkt, sie kann sich alles erlauben.« Als ich mich entschuldigte und ihm dankte, wurde er plötzlich freundlicher: »Gern geschehen, Mademoiselle.«

Jean-Jock lachte. Es gefiel ihm, mich auf Rollen zu sehen, er hielt es für einen exzellenten Einfall. Dann seufzte er.

»Schade, dass ich das nicht auch tun kann ...«

»Warum kannst du nicht?«

»Ich bin doch Aktivist.«

Nun war ich es, die lachen musste, und er schmetterte los:

Ils ont fait acte de bandits
Comptant sur le silence
Ach'vé les blessés dans leurs lits
Dans leurs lits d'ambulance ...

Wir waren am Café Le Cluny angekommen. Jean-Luc und der Mann namens Charles erwarteten uns im hintersten Winkel, zurückgezogen wie Verschwörer. Überraschtes Gemurmel unter den Gästen, als wir hereinkamen; ich auf Rollschuhen zwischen den Tischen durchgleitend, Jean-Jock noch immer voller Inbrunst singend:

Tout ça n'empêche pas, Nicolas,
Qu'la Commune n'est pas morte!

Verblüfft stand Jean-Luc auf, als er uns sah.

»Was wird denn hier gespielt?«

Sein Freund blieb ungerührt auf seinem Stuhl sitzen und musterte uns. Trocken kommentierte er:

»Auftritt der Marx Brothers.«

Ich machte es mir auf der Bank bequem, Jean-Jock setzte sich auf den freien Stuhl. Jean-Luc stellte uns einander vor. Es herrschte eine peinliche Stille, während man ringsum wieder das Gespräch aufnahm. Ein Kellner trat an den Tisch. Jean-Luc trank ein Bier, Charles einen Whiskey. Weil ich plötzlich eingeschüchtert war, wollte ich mir Mut antrinken:

»Einen Whiskey!«

»Für mich auch«, sagte Jean-Jock.

Ich ignorierte Jean-Lucs missbilligenden Blick und musterte stattdessen seinen Freund.

Ein attraktiver Mann, den ich auf etwa fünfundzwanzig Jahre schätzte. Er hatte braune Haare, feine Gesichtszüge, einen entschlossenen Blick. Er wirkte klug und reif, was ihn von allen anderen jungen Leuten unterschied. Er hatte eine natürliche Autorität und stand sofort im Mittelpunkt. Ohne weiteres Geplänkel nahm er das durch unsere Ankunft unterbrochene Gespräch wieder auf.

Sie wollten ein anderes Kino erschaffen, eine neue Filmsprache. Seiner Ansicht nach waren selbst Jean-Lucs schönste Filme Vergangenheit. In seinem Plädoyer für ein revolutionäres Kino zitierte er mehrfach Mao, sagte, man müsse »das revisionistische Gift ausmerzen«.

Jean-Luc hörte ihm schweigend zu, mit einem kindlichen Blick zwischen Bewunderung und Unterwürfigkeit. Dass er schwieg, schockierte mich ebenso wie die Ansichten seines Freundes. Zweimal versuchte ich, Charles zu unterbrechen, worauf dieser mir ein Lächeln schenkte, das charmant wirken sollte, mir jedoch herablassend vorkam, gefolgt von einem freundlichen Satz, um mich ruhigzustellen: »Natürlich, das ist alles neu für dich, aber du wirst uns noch verstehen und dich unserer Haltung anschließen.«

Diese Formulierung schockierte mich noch mehr. War dies auch Jean-Lucs Haltung? Bei der Vorstellung graute mir.

Jean-Jock versuchte einzuhaken – seine laute und unbeholfene Art und die Zuhilfenahme marxistischer Zitate bewirkten bei Charles jedoch nichts weiter als verärgertes Stirnrunzeln. Als Jean-Jock insistierte, nannte er ihn »neben der Spur«.

Ich nahm es Jean-Luc übel, dass er ihn nicht verteidigte. Charles schien Jean-Jock ausstechen zu wollen, und das mit Erfolg. Der eine war noch ein Kind, der andere ein Mann, informierter, skrupelloser, entschlossener. Merkwürdigerweise löste das Angst in mir aus; ich sah darin eine Bedrohung für Jean-Jock, nicht jedoch für mich. Ich war Jean-Lucs Frau, fühlte mich beschützt, unangreifbar. Zu Unrecht.

Schon eine Weile hörte ich Charles nicht mehr zu, und der bedrückte Jean-Jock tat mir leid. Ich fragte ihn:

»Wie ging nochmal der Refrain deines Chansons?«

Das ließ ihn aufleben, und mit seiner Tenorstimme schmetterte er los:

Tout ça n'empêche pas, Nicolas,
Qu'la Commune n'est pas morte!

Im Café verstummten die Gespräche, Köpfe drehten sich zu uns um. Charles, unterbrochen in seinem Vortrag über die Anfänge des sowjetischen Kinos, starrte uns entgeistert an. Ich glaubte, zum ersten Mal ein Lächeln über Jean-Lucs Gesicht huschen zu sehen.

»Willst du nicht auch noch *Les Parapluies de Cherbourg* für uns singen?«, sagte Charles schließlich.

Jean-Jock war entrüstet.

»Das hier hat nichts mit *Les Parapluies de Cherbourg* zu tun. Es ist ein berühmtes Chanson von Pottier namens *Elle n'est pas morte.* Der Refrain ist von Parizot.«

»Du verblüffst mich«, sagte Jean-Luc.

Das war das erste, was er sagte, nun mit einem offenen Lächeln. Ich nutzte die Ablenkung, um mich abzusetzen, bevor Charles erneut das Wort an sich riss.

»Ich gehe Rollschuh laufen.«

Jean-Jock schloss sich an.

»Ich komme mit.«

»Wir sehen uns später«, sagte Jean-Luc.

Und zu mir:

»Klasse Idee, die Rollschuhe, die stehen dir gut!«

Erfreut gab ich ihm einen Kuss, deutete einen Abschiedsgruß in Charles' Richtung an und ging zu Jean-Jock, der am Tresen stand. Schnell flüsterte der mir zu: »Warte draußen auf mich.« Wenige Sekunden später kam er heraus und rannte in Richtung Rue Saint-Jacques. Ich folgte ihm und holte ihn auf meinen Rollschuhen rasch ein. Er hielt an und zog eine halbvolle Whiskeyflasche unter seiner Jacke hervor.

»Die hast du doch nicht etwa gestohlen?«, fragte ich ungläubig.

»Doch. Als Kriegsbeute. Gehen wir zu dir und trinken einen, um diesen Besserwisser Charles zu vergessen?«

Als er mich auf dem Weg nach oben fragte, ob ich *Le Temps des cerises* von Jean-Baptiste Clément kenne, schlug ich ihm vor, die Version von Charles Trenet anzuhören, die ich wunderbar fand. Er verzog das Gesicht, erklärte sich mir zuliebe aber einverstanden.

Jean-Luc hatte mir die LP-Box mit sämtlichen Chansons von Trenet geschenkt; wir hörten sie oft, wenn wir in Paris waren. Besonders berührte uns, wie er *Le temps des cerises* sang, die trotz des fröhlichen Swings Django Reinhardts daraus sprechende tiefe Melancholie.

Jean-Jock konnte nicht sofort etwas damit anfangen, doch nach und nach wurde er empfänglich für die Feinheiten im Gesang Charles Trenets. Möglicherweise trug auch der Whiskey, den wir uns gewissenhaft zuführten, seinen Teil dazu bei. Wir hatten das Stück bestimmt zehnmal gehört, und da Jean-Jock von Djangos Gitarrenspiel begeistert war, spielte ich ihm vor, wie Charles Trenet und er *La Cigale et la Fourmi* vertont hatten. Das gefiel ihm sofort. Er konnte diese in der Schule gelernte Fabel noch auswendig, hörte sich das Lied dreimal an und stimmte dann in Trenets Gesang ein. Trotz seiner Tenorstimme traf er den Ton, stand dabei im Salon und ahmte die Gitarrengriffe nach. Ich saß auf dem Boden und konnte nicht mehr vor Lachen.

La cigale ayant chanté
Tout l'été,
Se trouva fort dépourvue
Quand la bise fut venue.
Pas un seul petit morceau
De mouche ou de vermisseau.
Elle alla crier famine ...

Ohne es bemerkt zu haben, waren wir etwas beschwipst. Wir überhörten den Schlüssel im Schloss, und als plötzlich Jean-Luc vor uns stand, schrie Jean-Jock erschrocken auf. Jean-Luc sah uns wortlos an, traurig und müde. Dann nahm er die Whiskeyflasche, ging in die Küche und schüttete den Rest in den Ausguss. Als er wiederkam, stand Jean-Jock immer noch da wie versteinert. Bei mir hatte Jean-Lucs plötzliches Eintreten einen unüberhörbaren heftigen Schluckauf ausgelöst.

Er holte ein Glas Wasser und reichte es mir.

»Wie die Kinder«, sagte er schließlich, »wie die Kinder. Ihr solltet etwas essen. Gehen wir zur Pizzeria.«

Natürlich übernachtete Jean-Jock einmal mehr auf dem Divan im Salon.

Auf zu den Generalständen der Filmschaffenden – eine wichtige Vollversammlung war angesetzt, bei der die Anwesenheit Jean-Lucs erwartet wurde. Jean-Jock und er zogen mich den Boulevard Saint-Michel hinauf, aber kaum waren wir oben, düste ich los, berauscht von der frischen Morgenluft und den leeren Pariser Straßen. Armand und seine Freunde standen rauchend vor der Schule in der Rue de Vaugirard und bejubelten meine Einfahrt. Andere Filmleute, die ich kaum kannte, sahen mich an wie eine Schwachsinnige, was unsere gute Laune nur steigerte. Jean-Luc und Jean-Jock kamen nach und beschimpften mich als Faulpelz. Als Jean-Luc jedoch eine abfällige Bemerkung über mich hörte, drehte er sich sofort um: »Meine Frau ist Rollschuhfahrerin. Was geht Sie das an, Sie Idiot?« Und zu mir: »Ich höre mir ein wenig an, was sie da drin erzählen. Ich halte dir was im hinteren Teil frei?« Ich nickte. Sobald er uns den Rücken gekehrt hatte, sagte mir Armands Freundin Pat, sie wolle auch Rollschuhe; ich nannte ihr die Adresse des Spielzeugladens, und sie brach sofort auf. »Du setzt Trends«, stellte Armand fest. Ich blieb eine Weile bei ihnen und bemerkte, dass die endlosen aufeinanderfolgenden Reden im Saal sie offenbar kaum interessierten.

Auch Jean-Luc nicht.

Er saß auf dem äußersten Stuhl der letzten Reihe, unbeobachtet von seinen Kollegen, und konnte sich diskret verziehen, sowie ihm der Sinn danach stand. Ich setzte mich neben ihn, und flüsternd gab er mir ein Resümee: »Sie haben Ausschüsse zu einer radikalen Reform des Kinos gebildet. Absoluter Schwachsinn. Wie sollen so unterschiedliche Leute zusammenfinden? Mit denen habe ich nichts zu schaffen!« Jean-Jock hingegen, der aufrecht und unübersehbar inmitten der Stuhlreihen stand, debattierte mit den Rednern auf der Bühne, fiel ihnen ins Wort, indem er seine Einwände mit einem leidenschaftlichen »Genosse!« unterstrich.

Auch wenn manche von ihnen protestierten – die große Mehrheit hörte ihm respektvoll zu. Darauf begriff ich, wie sehr das Wort eines Jugendlichen, eines Studenten, in den vergangenen drei Wochen an Gewicht gewonnen hatte, und war erstaunt. Denn die anderen anwesenden jungen Leute redeten genauso, aufmüpfig und meist ohne echte Aussage. Waren es Filmemacher? Kamen sie von außerhalb? Ihr Kauderwelsch glich dem des Vortags, im Théâtre de l'Odéon. Viele der Filmleute übernahmen es nun. Bei der Versammlung waren einige von mir bewunderte Personen wie Alain Resnais und Jacques Rivette anwesend, deren offensichtliches Wohlwollen ich so wenig verstand wie das Stillschweigen Jean-Lucs. Seit seiner Rückkehr aus Cannes hatte er etwas Trauriges an sich. Was war aus seiner Begeisterung in der ersten Maihälfte geworden? Trotz allem lag Fröhlichkeit in der Luft, Lebensfreude, der schwer zu widerstehen war – eine diesem lichtdurchfluteten Frühjahr eigene Energie, die auch mich beflügelte, selbst, wenn ich mich dauernd über die unterschiedlichsten Ausschreitungen aufregte.

Am Nachmittag nahmen wir an der Filmaufführung eines zwanzigjährigen Regisseurs teil, der sich unter Eingeweihten gerade einen Namen zu machen begann; Jean-Luc hatte eine seiner Reportagen gesehen und war von ihr beeindruckt gewesen. Der Regisseur hieß Philippe Garrel, sein Film *Marie pour mémoire*. Wir waren zu viert im Kinosaal, dazu der Künstler und ein befreundeter Filmvorführer, der heimlich arbeitete, um nicht den Zorn der Gewerkschaft der Techniker auf sich zu ziehen.

Es waren zauberhafte Schwarz-Weiß-Bilder eines wahren Poeten, eines Filmemachers, mit dem man künftig rechnen musste.

Als das Licht anging, waren wir so ergriffen, dass niemand etwas sagen wollte oder dem Künstler gratulierte. Jean-Luc schien überwältigt. Philippe Garrel wartete ruhig auf unsere Reaktionen. Später erfuhr ich, wie wichtig ihm die Anwesenheit Godards war, der ihn zu einer künstlerischen Laufbahn inspiriert hatte und dessen Ermunterung oder Kritik seinem weiteren Leben eine Richtung geben würden.

Seine ruhige, abwartende Art hatte etwas Würdevolles, sein Wesen wie sein Film wirkten respekteinflößend. Jean-Luc schien nach den passenden Worten zu suchen, doch schließlich gab er eher eine Art Gebrummel von sich: »Jetzt, da es Garrel gibt, brauche ich keine Filme mehr zu drehen«, sagte er. Nun war Garrell seinerseits gerührt. »Wir brauchen Sie, brauchen Ihre Filme, sie zeigen uns den Weg«, sagte er mit erstickter Stimme. Jean-Luc schüttelte energisch den Kopf, gab ihm die Hand und zog mich vor die Tür.

Wortlos folgte ich ihm in sein Lieblingsrestaurant, Les Balkans. Ich wusste nicht, was ich von dem gerade Gehörten zu halten hatte. Schließlich, als unser Schweigen immer bleierner wurde, wagte ich mich vor:

»Was du zu Philippe Garrel gesagt hast, war doch nicht ernst gemeint, oder?«

»Doch, sehr sogar.«

»Aber er und andere brauchen dich und deine Filme, das hat er doch so deutlich gesagt!«

Jean-Luc verzog missmutig das Gesicht.

»Ich weiß. Aber ich kann nicht weitermachen mit diesem Kino.«

»Mit welchem Kino?«

»Dem, das ihr liebt und von mir erwartet.«

Ich merkte an, dass er zwischen Jahresbeginn und April mehrere Filmprojekte entworfen hatte: *Les Gens d'en face* nach Simenon, *Le journal du séducteur* nach Kierkegaard und erst kürzlich *L'Assassinat de Trotsky.* Er zuckte mit den Schultern und sah mich matt an. Vielleicht ahnte er, was ich nicht auszusprechen wagte: »In allen drei Filmen hätte es schöne Rollen für mich gegeben.« Ich wechselte das Thema: Anfang Juni, in wenigen Tagen, würden wir nach London fahren und mit den Rolling Stones drehen. Er stieß einen Seufzer aus.

»Ich habe überhaupt keine Lust darauf. Aber wenn ich es nicht machen würde, wären die finanziellen Folgen zu groß. Wir müssten eine Hypothek aufnehmen oder die Wohnung verkaufen. Du machst dir ja keine Vorstellung von der Höhe des Kredits, von meiner finanziellen Situation ...«

Ich muss seltsam geschaut haben, denn lächelnd schloss er das Thema ab:

»Na ja, schauen wir mal.«

Am folgenden Morgen gingen wir wie am Vortag zur Schule in der Rue de Vaugirard. Ich wunderte mich, dass er wieder hinwollte, nachdem er sich so kritisch über das Geschehen dort geäußert hatte. »Das macht es mir leichter, von diesen Leuten Abstand zu nehmen«, sagte er. Wie schon am Vortag trennte ich mich im oberen Teil des Boulevard Saint-Michel von ihm und düste auf meinen Rollschuhen davon.

Ich war noch nicht richtig angekommen, als Armand und Pat auf mich zukamen. Sie trug jetzt auch Rollschuhe und schien gut damit klarzukommen. Mehrmals fuhren wir um den Block und lachten dabei wie zwei Schulmädchen. Unsere gute Laune brachte uns die Sympathie der Passanten und die Unterstützung unserer Freunde ein, auch die Jean-Lucs. Schon in den Eingang der Schule gedrängelt, hatte er sich umgedreht und mich mit einer Handbewegung aufgefordert: »Ab mit dir, amüsier dich!«

Plötzlich entdeckte ich Jacques Rivette, den ich verehrte. Vor einem Jahr, während der Dreharbeiten zu *Die Chinesin*, hatte er oft mit uns gegessen. Es war fesselnd, wenn er vom Kino sprach, durch diese Gespräche hatte ich viel gelernt; Jean-Luc sagte über seinen Freund: »Rivette könnte selbst einen Schrottfilm retten!«

Auf dem Weg zu ihm legte ich eine kunstvolle Pirouette hin und kam exakt vor ihm zum Stehen, gefolgt von Pat, die beinahe einen Laternenpfahl umrannte. Unsere Anfahrt ließ ihn Tränen lachen, und er gratulierte uns zu unseren »Fundstücken«. Einige Jahre später würde ich seinen Film *Céline und Julie fahren Boot* sehen und mir geschmeichelt vorstellen, dass Pat und ich für einige Szenen Pate gestanden hätten und dass seine beiden Heldinnen, Juliet Berto und Dominique Labourier, nicht zuletzt unseretwegen auf Rollschuhen unterwegs waren ...

Rivette betrat die Schule in dem Moment, als Jean-Luc so wütend herausstürmte, dass sie zusammenstießen. »Ich bin ihre Moralpredigten und Anschuldigungen mehr als leid. Ich werde mich Chris Marker und den Kunststudenten anschließen, sie unterstützen ... bei denen ist die Arbeit im Kollektiv sinnvoll«, sagte er zu mir und fügte hinzu: »Amüsier dich, wir sehen uns heute Abend bei Bambam und Rosier.« Letztere war dank Émile in der Nacht in Paris angekommen, und Bambam hatte uns aus diesem Anlass zum Abendessen in die Rue de Tournon eingeladen. »Vielleicht kommt Cournot, vielleicht Deleuze.« Jean-Luc und ich freuten uns, sie wiederzusehen.

Als Jean-Luc gegangen war, drehten Pat und ich weiter unsere Runden. Wir fuhren immer schneller und weiter, kehrten aber jedes Mal zur Schule zurück. Ich erfand ein neues Spiel. Es ging darum, einen Sturz in die Arme eines bewunderten Regisseurs vorzutäuschen, den ich noch kennenlernen wollte, um auf uns aufmerksam zu machen. Oder, einfacher noch, in die Arme eines anziehenden oder sympathischen Mannes.

Unsere Opfer halfen uns auf, das war alles. Ein unterm Strich ziemlich harmloses Spiel.

Nur einer stieß mich von sich. »Kannst du nicht aufpassen, blöde Kuh?« Der Filmemacher Jacques Rozier; ich war etwas beleidigt.

Ein weiterer Versuch, mit dem Regisseur Jacques Doniol-Valcroze, nahm eine unerwartete Wendung. Wir waren uns schon bei privaten Filmvorführungen über den Weg gelaufen, aber es war immer bei einem Händeschütteln geblieben. Diesmal lud er mich auf einen Kaffee ein, ich nahm gerne an.

Er wollte mit mir über Jean-Luc und die gerade gegründete SFR sprechen, die Société française des réalisateurs de films, der er angehörte, wie die meisten Filmleute.

Jean-Luc hatte einen Beitritt ebenso brüsk abgelehnt, wie er seine Beteiligung an einem der Reformausschüsse ausgeschlossen hatte. Doniol – wie man ihn rief – bedauerte das sehr.

»Wir brauchen ihn, aber er will nichts davon hören. Ich bin froh, dass Sie heute Morgen nicht dabei waren, denn das war unschön. Weil er sich immer wieder geweigert hat, waren die meisten Anwesenden unbarmherzig. Er wurde als Faulpelz, Verräter und Kollaborateur beschimpft, und der Absurditäten mehr. Jean-Luc hat mit Verachtung darauf reagiert und gesagt, er habe hier nichts mehr verloren. Glauben Sie, man kann ihn zur Vernunft bringen?«

Ich antwortete, ich hätte starke Zweifel. Doniol schien immer deprimierter.

»François Truffaut lehnt auch ab. Er schildert die Gründe in einem Brief an mich. Möchten Sie ihn hören?«

Ich nickte. Er zog einen Umschlag aus seiner Jackentasche und faltete einen Briefbogen auseinander.

»›Ich bin solidarisch mit Rivette, mit Godard und mit Rohmer, denn ich liebe sie und verehre ihre Arbeit, doch ich will nichts zu tun haben mit ...‹«

Er unterbrach sich.

»Dann folgt eine Liste mit Regisseuren, die Mitglieder der SRF sind und alle im Saal sitzen. Ich überspringe das, denn es wäre illoyal, sie zu nennen, und lese unten weiter. ›Denselben Beruf auszuüben, ist bedeutungslos für mich, wenn Bewunderung und Freundschaft keine Rolle spielen.‹ Was sagen Sie dazu?«

»Dass das ein sehr schöner Brief ist, der zu ihm passt.«

Ich meinte es ernst und fragte mich, ob Jean-Luc noch in der Lage wäre, einen derartigen Brief zu verfassen und in Bezug auf andere Filmemacher von »Solidarität«, »Bewunderung« oder »Freundschaft« zu schreiben. Vor einem Jahr – aber heute? Natürlich gab es da Philippe Garrel ...

Ich hatte wohl unbewusst einen melancholischen Blick aufgesetzt. Doniol tat das leid.

»Nehmen Sie es sich nicht so zu Herzen. Jedenfalls – wenn Sie Jean-Luc zur Vernunft bringen könnten ... Habe ich Ihnen schon gesagt, wie sehr ich *Die Chinesin* mag?«

Er stand auf, zahlte unsere Kaffees und legte mir freundschaftlich die Hand auf die Schulter.

»Mein Ausschuss geht in fünf Minuten weiter, ich muss los. Ich freue mich über unser Kennenlernen. Bestimmt sehen wir uns bald wieder und haben dann mehr Zeit. Grüßen Sie Jean-Luc.«

Leider kreuzten sich unsere Wege nie mehr.

An jenem Abend war eine Großkundgebung im Stade Charléty geplant, in Anwesenheit von Mendès France. Alle politischen und gewerkschaftlichen Organisationen würden vertreten sein, man rechnete mit mehr als tausend Teilnehmern. Ich hatte Jean-Luc vage vorgeschlagen hinzugehen. Er hatte geantwortet, Menschenmassen ermüdeten ihn, er sei es leid, mit Fragen gelöchert zu werden. Ich hatte nicht darauf bestanden. Er interessierte sich hingegen für die sogenannten Grenelle-Verhandlungen, zu denen seit zwei Tagen der Premierminister Georges Pompidou, einige Regierungsmitglieder, alle Angehörigen der Gewerkschaften und Arbeitgeberverbände zusammenkamen.

Während eines Zwischenstopps im Apartment rief voller Sorge meine Mutter an. Ihr Schwager, ein General, hatte sie am Telefon vorgewarnt: »Hindere deine Kinder daran, ins Stadion zu gehen. Wenn es Chaos gibt, soll die Armee eingreifen. Ich möchte nicht auf Kinder schießen, und erst recht nicht auf deine.« Ich konnte sie beruhigen. »Ich kann deinen Bruder kaum überreden daheimzubleiben. Wenn er erfährt, dass ihr auch nicht hingeht, wird es ihm weniger leidtun.«

Ich tauschte meine Rollschuhe gegen Espadrilles und schlüpfte in einen der Miniröcke, die Jean-Luc mir im letzten Jahr geschenkt hatte. Sollte ich ihm vom möglichen Eingreifen der Armee erzählen? Ich hielt es für besser, nichts zu sagen, denn ich kannte seinen rebellischen Geist; er war mehr als fähig, sich mitten hineinzustürzen, und das wollte ich um keinen Preis. Wieder hatte ich Angst. Ich wusste, dass mein Onkel ein großes Verantwortungsbewusstsein besaß und dass es womöglich gefährlich war, ins Stade Charléty zu gehen.

Als ich Jean-Luc wiedertraf, diskutierte er mit Cournot über die Generalstände des Kinos. Cournot hatte sich am Vortag einem der Ausschüsse angeschlossen und versuchte sanft, auch Jean-Luc zu bekehren. Der gab zu, dass einige der Ideen gut waren, blieb aber unnachgiebig: »Mit diesen Leuten habe ich nichts zu tun.« Er hatte den ganzen Nachmittag bei Chris Marker und an der École des beaux-arts verbracht und wirkte entspannt.

Rosier hatte viel Obst und Gemüse aus Le Lavandou mitgebracht, eine Haushälterin bereitete ein Essen daraus. Bambam und Deleuze würden jeden Augenblick eintreffen.

Bei ihrer Ankunft waren beide bester Laune – besonders Deleuze, der sich gerade eine glänzende schwarze Arbeiterjacke gekauft hatte, wie sie bei den Studenten und Studentinnen sehr beliebt war. Er stolzierte in Erwartung unserer Komplimente vor uns herum. Rosier fand die passenden Worte, Cournot brummelte etwas Unverständliches. Nur Jean-Luc schwieg. Doch als er ausdrücklich gebeten wurde, äußerte er sich.

»Deleuze sieht aus wie ein Zoowärter.«

Cournot brüllte fast vor Lachen.

»Das ist es, genau das ist es: Du siehst aus wie ein Zoowärter, Gilles!«

Kurz darauf lachte auch ich, dann Bambam. Rosier versuchte löblicherweise, sich zurückzuhalten; der Kontrast zwischen Deleuzes enttäuschter Miene und dem teilnahmslosen Gesichtsausdruck Jean-Lucs, der in diesem Moment tatsächlich wie Buster Keaton aussah, war urkomisch. Deleuze war ein guter Verlierer, er fasste sich und sagte mit einem Lächeln, um dessen unwiderstehliche Wirkung er wusste:

»Heutzutage und im Unimilieu ähnelt man lieber einem Zoowärter als einem Mandarin.«

Er schwärmte von den hervorragenden Beziehungen, die er zu den Pariser Studenten und Studentinnen aufgebaut hatte, ihrer politischen Urteilsschärfe.

»Durch sie lerne ich so viel. Diese jungen Leute erteilen uns eine großartige Lektion, und wir können nur dazugewinnen, wenn wir uns in ihren Dienst stellen – auch um den Preis, die alte Ordnung aufgeben zu müssen.«

Ich muss verzweifelt ausgesehen haben, was er missverstand.

»Ich meine doch nicht Sie, liebe Anne, Sie sind ja noch in deren Alter. Ich spreche für uns, die Älteren, die über Vierzigjährigen.«

Ich war versucht zu antworten, dass mir diese »Älteren« viel mehr bedeuteten als all die Jugendlichen, dass die Begeisterung, die man ihnen entgegenbrachte, schon an Götzendienst grenze. Meine Generation hatte alles von der vorangegangenen zu lernen, ich für meinen Teil lernte seit meiner Begegnung mit Jean-Luc jeden Tag dazu. Ich schwieg nur deshalb, weil Jean-Luc, Bambam und Rosier in dieselbe Kerbe schlugen wie Deleuze. Zu gerne hätte ich gewusst, was Cournot davon hielt, aber wie so oft sagte er nichts.

Als wir heimkamen, schaltete Jean-Luc das Radio ein. Im Stade Charléty lief alles friedlich ab, und nach fünfundzwanzigstündiger Diskussion war in der Rue de Grenelle eine Vereinbarung aufgesetzt worden. Regierung, Gewerkschaften und Arbeitgeber schienen zufrieden, doch die Arbeiter von Renault in Flins verweigerten ihre Unterschrift. »Recht haben sie«, kommentierte Jean-Luc bitter. »Wie üblich haben die Gewerkschaften die Arbeiterklasse verraten.«

Trotzdem wollte er zwei Tage später, am 29. Mai, unbedingt an der von der CGT organisierten Demonstration teilnehmen. Ich hatte Halsschmerzen und nutzte sie als Vorwand daheimzubleiben. Ich streckte mich auf dem Bett aus, hörte Europe 1. Und betrachtete voller Freude die Titelseite von *France-Soir*, die Dany an der Sorbonne zeigte, am Vortag. Er war heimlich nach Frankreich zurückgekehrt, die roten Haare schwarz gefärbt. Wie hatte er das gemacht, wo versteckte er sich? Wir würden es erst deutlich später erfahren. Doch wie er der Macht die lange Nase gezeigt hatte!

Die Demonstration verlief von der Bastille nach Saint-Lazare, man schätzte dreihundert- bis vierhunderttausend Teilnehmer. Nach den fröhlichen und kreativen Parolen der Studentenkundgebungen klangen die von der CGT ausgegebenen Parolen ziemlich akademisch. Der

Sicherheitsdienst leistete perfekte Arbeit, jede Form der Ausschreitung war ausgeschlossen.

Diese Rückkehr zum Alltagstrott hatte etwas Deprimierendes, doch plötzlich rief jemand: »De Gaulle, Vampir!« – »De Gaulle, Vampir!«, wiederholten Hunderte Stimmen wie aus einem Mund. Nach drei oder vier Sekunden der Verwirrung tönten aus den mächtigen Lautsprechern der CGT wieder die ursprünglichen Parolen. Alles ging so schnell, dass ich nicht sicher war, recht gehört zu haben – doch ich glaubte, die anonyme Stimme zu kennen: Es war Jean-Luc.

Wieder daheim, bestätigte er es. Jean-Jock, der auch dabei war, amüsierte sich immer noch darüber.

»Du hättest die Blicke der Muskelmänner von der CGT sehen sollen, die hätten uns beinahe die Fresse poliert!«, sagte er.

»Aber wieso ›Vampir‹?«

»Der Zug ging an einem Kino vorbei, das einen Vampirfilm auf dem Programm hatte«, antwortete Jean-Luc. »Geht's deinem Hals besser?«

Am folgenden Tag fand eine Großdemonstration ganz anderer Art statt.

Der Präsident hatte in einer Radioansprache die Auflösung der Regierung angekündigt, und Anhänger hatten sofort eine Kundgebung zur Unterstützung des Generals anberaumt. Tausende Menschen zogen die Champs-Élysées bis zum Arc de Triomphe hinauf. Zahlreiche junge Leute schwenkten die Trikolore, und zwischen zwei Parolen wurde die *Marseillaise* gesungen. Hunderte standen dichtgedrängt auf den Bürgersteigen und riefen: »Vive de Gaulle! Es lebe der Präsident aller Franzosen!« Die Stimmung war ausgelassen, alle schienen froh, sich zu zeigen, zusammenzufinden. Wo hatten sie bisher gesteckt?

Plötzlich war eine grauenhafte Parole zu hören: »Cohn-Bendit nach Dachau!«, aber sie wurde nicht aufgegriffen; ohne Zweifel kam sie von einer kleinen Gruppe Rechtsextremer, die sich schlagen wollten und rasch vom Sicherheitsdienst übermannt wurden.

Für meinen Bruder und mich war schwer anzusehen, dass unser geliebter Großvater François Mauriac an der Spitze des Zuges mitlief. Nicht seine Mitwirkung schockierte mich, denn ich kannte seine absolute Treue zum General, wohl aber das Bild, das André Malraux und er abgaben: Es sah aus, als reichten sich ein Seniler und ein Drogensüchtiger die Hand, oder umgekehrt. Die Bilder in Presse und Fernsehen schmerzten mich und regten Jean-Luc über jedes Maß auf. Er hatte ihm eigentlich gerade ein Flugblatt zukommen lassen wollen, das auf den kritischen Zustand einiger Studenten in stationärer Behandlung und die Notwendigkeit hinwies, dass die Ärzte die genaue Zusammensetzung der eingesetzten Gase erfuhren. Er und mein Großvater hatten sogar angedacht, diese Studenten gemeinsam an ihren Krankenbetten zu besuchen. Jean-Luc, wie viele unter uns, hatte es sehr bewegt, dass Mauriac nach der ersten Nacht der Polizeigewalt sofort dem Aufruf des Professors Jacques Monod gefolgt war. Gemeinsam mit drei weiteren Nobelpreisträgern, André Lwoff, François Jacob und Alfred Kastler, hatte er folgendes Telegramm an den General de Gaulle unterschrieben: »Wir fordern sofortige persönliche Signale zur Beruhigung der Studentenrevolte. Amnestie für die verurteilten Studenten. Wiedereröffnung der Universitäten. Hochachtungsvoll.«

Dessen ungeachtet hatte Jean-Luc auf dem Flugblatt, das wir unserem Großvater vorbeibringen sollten, wütend hinzugefügt: »Schämen Sie sich nicht? In Ihrem Alter und dem Tode so nah?«

Pierre und ich waren über diese grobe Respektlosigkeit bestürzt. Mit Sicherheit würde François Mauriac die Krankenbesuche sofort absagen. Wir hatten erfolglos versucht, Jean-Luc umzustimmen – er blieb dabei. Pierre machte sich auf den Weg, die furchtbare Botschaft zu überbringen. Später am Tag rief er an, um zu erzählen, wie es weitergegangen war.

»Ich habe es ihm nicht sofort gegeben, ich wusste ja, wie dramatisch das ausgehen würde. Aber Jean-Luc hat ihn angerufen, um zu fragen, ob ich das Flugblatt überbracht hätte und was er davon halte. Also hat er mich rufen lassen, und ich musste es ihm bringen. Er war rasend vor Zorn, lief mit dem Papier in der Hand von einem zum nächsten und brüllte: ›Haben Sie gesehen, was er mir geschrieben hat?‹ Als Jean-Luc dann aufgekreuzt ist, stand er natürlich vor verschlossenen Türen.«

Denn in aller Naivität war Jean-Luc tatsächlich vorbeigekommen, um unseren Großvater in die Krankenhäuser zu fahren, wie achtundvierzig Stunden zuvor geplant.

Ich war so wütend auf ihn, dass ich an jenem Abend nicht mehr mit ihm sprach und mit dem Rücken zu ihm einschlief, am anderen Ende des Betts.

Am folgenden Tag begann das Pfingstwochenende, die meisten Tankstellen wurden wieder beliefert.

Ein Privatflugzeug brachte uns nach London – noch nicht alle französischen Fluglinien hatten den Betrieb wieder aufgenommen. Die Studioaufnahmen der Rolling Stones begannen am folgenden Abend, und der Produzent wollte keinerlei Risiko eingehen. Jean-Luc, an den unterzeichneten Vertrag gebunden, regte sich auf: »Noch dazu verraten wir die streikenden Arbeiter!« Und, als ich nicht antwortete: »Wir sind Streikbrecher! Weißt du, was das heißt?« Ich wusste es und nahm seine Hand, um ihn zu beruhigen.

Ich wollte meine Aufregung vor dem Treffen mit den Rolling Stones und meine Freude und Erleichterung darüber, Paris für einige Tage zu verlassen, nicht zu deutlich zeigen. Ich war nun weniger verärgert über seine furchtbaren Worte auf dem Flugblatt. Am Telefon hatte Pierre unseren Großvater zitiert: »Nur weil er denkt, ich stünde mit einem Fuß im Grab, muss er mir nicht auf dem anderen herumtrampeln.« Das war einer seiner Lieblingssprüche; er bewies, dass sein Sinn für Humor seinen Ärger besiegt hatte.

Einige Zeit zuvor hatte Jean-Luc während eines Kurzbesuchs in London den neuen Produzenten, Iain Quarrier, getroffen und Mick Jagger. Letzterem schien der Vorschlag zu gefallen, sich in Aktion filmen zu lassen; er verlangte nur, dass wir uns so diskret wie möglich verhielten – die Künstler, das waren er und die Stones, nicht Jean-Luc. Sie hatten sich sofort geeinigt: Jeder hätte seine Rolle und würde dem anderen nicht ins Gehege kommen.

Am ersten Tag spazierte ich alleine durch London, während Jean-Luc seit morgens im Studio war und überlegte, welche Drehmöglichkeiten sich in diesem mit unterschiedlichen Dingen vollgestellten Raum boten, unter Berücksichtigung der Standorte von Musikern, Instrumenten und Mikrophonen.

Als ich ihn zum Abendessen abholte, ließ er gerade Kameraschienen in Form einer Acht auf dem Boden verlegen. Die englischen Techniker leisteten seinen Anweisungen ohne Murren Folge.

Wir aßen in einem Pub zu Abend. Auch Jean-Luc wirkte befreit und wie erleichtert, zum Dreh in London zu sein.

Dann gingen wir zurück zum Studio, um auf die Stones zu warten, die gegen 22 Uhr eintreffen sollten und um Mitternacht herum nach und nach eintrudelten. Jean-Luc blieb ruhig und probte die Kamerafahrt mit den englischen Technikern. Die 35-mm-Kamera war mit einem Magazin ausgestattet, das zwölfminütige Plansequenzen erlaubte, und das wollte er ausnutzen. Ich hatte meine Pentax dabei, die ich seit Monaten in der Wohnung gelassen hatte, in der Furcht, sie könne einen Schlag abkriegen.

Mick Jagger traf als Erster ein und besprach sich kurz mit Jean-Luc. Als er hörte, dass ich seine Frau war, schenkte er mir sein verführerisches Lächeln, wie beinahe jedem. Ich war trotzdem im siebten Himmel.

Dann tauchten Brian Jones, Charlie Watts und Bill Wyman auf, schließlich Keith Richards mit Anita Pallenberg im Arm. Plötzlich war es sehr voll im Studio. Anders als Mick Jagger ignorierten sie uns, die Kamera und das Filmteam. Wir waren wie unsichtbar. Man hatte uns vorgewarnt, das Stück, dessen Aufnahme Jean-Luc filmen werde, heiße *Sympathy for the Devil.*

Zunächst stimmten sie ihre Instrumente und regelten die Mikrophone. Es war nur ein Herantasten, aber die Atmosphäre knisterte sofort. Unter der Leitung Mick Jaggers begaben sie sich auf die Suche, improvisierten. Sie und ihre Begleiter reichten sich Joints weiter. In einer Ecke stand ein Tisch mit Essen und Getränken.

Die Zeit verging wie im Flug. Motive kamen wieder und gingen in Improvisationen auf, die Mick Jagger zusagten oder aber wütend machten. In diesem Fall brach er ab, verließ seinen Platz, tigerte im Kreis herum, suchte eine Lösung. Man hörte, wie er verärgert zischte: »Oh, shit!« Er war sehr konzentriert, was ihn aber nicht daran hinderte, Jean-Luc und der Kamera sein umwerfendes Lächeln zu schenken, um sich seiner Verführungskraft zu vergewissern. Jean-Luc filmte alles ungerührt, während ich höchst fasziniert meine Fotos machte. Dann ging es weiter, und die einzigartige Stimme Mick Jaggers brachte das Studio zum Strahlen.

Keith Richards spielte Gitarre und Bass, barfuß und in sehr engen Jeans. Seine Augen waren meist halb geschlossen. Vielleicht, weil er nie flirtete, weil er uns nicht wahrnahm und auch weiterhin nicht wahrnehmen würde, fand ich ihn noch anziehender als Mick Jagger. Jean-Luc war das nicht entgangen, und er machte sich lustig darüber. »Er gefällt dir wohl, der Stone«, sagte er während einer Pause zu mir.

Während eines weiteren, sich in die Länge ziehenden Versuchs stellte Keith Richards seine Gitarre zur Seite, nahm Anita Pallenberg bei der Hand und zog sie hinter eine spanische Wand. Ohne jeden Missmut setzten seine Kollegen ebenfalls ab. Mick Jagger ging zu Jean-Luc. »Sie vögeln, also warten wir«, sagte er komplizenhaft. – »Na, dann warten wir auch«, antwortete Jean-Luc und unterbrach die Filmaufnahme, während die Techniker auf die Stellwand starrten, um ein wenig von ihrem Liebesspiel zu erahnen.

Als sie wiederkamen, nahm man die Arbeit wieder auf. Ein musikalisches Motiv schien sich herauszuschälen, jemand mit geschulterem Gehör hätte es zu beschreiben gewusst. Ich hatte jedes Zeitgefühl verloren und war fasziniert von ihrer Konzentration wie auch von der Jean-Lucs; er erschien mir schön und ebenso verführerisch wie die Stones. An einem bestimmten Punkt entschied Mick Jagger, dass man für heute fertig sei und am Abend weitermache.

Als wir gemeinsam mit Musikern und Technikern auf der Straße vor dem Studio standen, stellte ich überrascht fest, dass es schon Tag war, dass die Londoner zur Arbeit eilten und es ein anderes Leben gab: Es war acht Uhr morgens.

Gemeinsam einzuschlafen, in den Armen des anderen, machte uns glücklich. Wenn er filmte, etwas schuf, gefiel mir Jean-Luc am besten. Ich flüsterte ihm zu, dass ich in einen Filmemacher verliebt sei, nicht in einen Aktivisten, das Abziehbild eines Politoffiziers. »Wovon redest du?«, fragte er noch mit letzter Kraft, bevor er in Schlaf fiel.

Jean-Luc hatte einen Teil des Nachmittags im Studio verbracht, um die Kamerafahrt des Vortags anzupassen. Die Schienen sahen immer noch aus wie eine Acht auf dem Boden; es handelte sich um kaum erkennbare Abweichungen von wenigen Zentimetern. Er war auf der Suche, getrieben von einem Perfektionismus, der mich sehr berührte und mich an die Dreharbeiten zu *Die Chinesin* und *Weekend* denken ließ.

Diesmal trafen die Stones früher und zu mehreren ein. Sie schienen erholt und guter Laune, warfen sich für uns unverständliche Witze zu. Nur Brian Jones blieb im Abseits, wie verloren in einsamer Träumerei. Als wir uns später das Rohmaterial ansahen, bemerkten wir, dass er immer von hinten zu sehen war.

Die am Vortag skizzierten musikalischen Motive klangen wieder an, nun sicherer, versetzt mit langen Improvisationen, Momenten des Zögerns und Fehlgriffen. Mick Jagger brach oft ab, zog sich zurück, murmelte etwas, vermutlich seinen Text, gespickt mit lauten »Oh Shit«-Rufen. Die anderen warteten geduldig auf ihn, dann ging es mit zehnfacher Energie weiter. Jean-Lucs Kamera umkreiste sie in langen Fahrten.

Gegen zwei Uhr morgens trafen etwa fünfzehn ihrer Freunde ein, junge Nachtschwärmer in Feierlaune, typische Vertreter des »Swinging London«. Unter ihnen erkannte ich Marianne Faithfull und den Schauspieler James Fox. Man legte eine lange Pause ein, der Mick Jagger unvermittelt ein Ende setzte – ohne Zweifel war er der Chef. Manche ihrer Freunde verließen das Studio, um anderswo weiterzufeiern, andere blieben, darunter Marianne Faithfull. Sie mischte sich unter die Stones rund um Mick Jagger. Ihr Song trat immer deutlicher hervor; für uns Zuhörer war es großartig, bei dieser Geburtsstunde dabei zu sein.

Zum Ende der Nacht hatten sie sich, trotz Irrwegen und weiterer langer Improvisationen, auf den Entwurf einer Rohfassung geeinigt, die Mick Jaggers Erwartungen genügte. Er war zufrieden und plauderte ein wenig mit Jean-Luc, fragte ihn nach seiner Meinung zu dem einen oder anderen Stück. Jean-Luc gab spontane Antworten, die dem Sänger sehr gefielen. »Was für 'ne Nutte!«, sagte er voller Bewunderung, als wir auf dem Weg ins Hotel im Taxi saßen.

Der dritte Abend begann energiegeladen. Die Stones spürten, dass sie Fortschritte gemacht und am Vortag die richtigen Motive gefunden hatten. Wie besessen spielten sie einige Abschnitte immer wieder, gerieten in Trance. Noch immer arbeiteten sie am Konzept, aber es klang schon wie ein Konzert. Vorbeikommende Freunde ermutigten sie, indem sie sich im Rhythmus bewegten und tanzten. Mehrmals musste Jean-Luc eingreifen, da sie auf die Kameraschienen trampelten oder im Bild standen. Da niemand hinhörte, verwies Mick Jagger sie des Studios. Er bemühte sich sichtlich um bestmögliche Drehbedingungen für den Film, während die anderen Stones uns weiterhin ignorierten.

Wir alle waren so im Bann der Musik, dass niemand die Aufregung vor dem Studio bemerkte. Plötzlich platzen Leute herein, um uns zu warnen, dass das Gebäude in Flammen stehe und wir es dringend verlassen müssten. Nach einem kurzen Schreckmoment griff jeder, was er tragen konnte, und rannte zum Ausgang. Unbekannte Helfer trugen die Kamera, die Musikinstrumente, alles, was zur Aufnahme von *Sympathy for the Devil* beigetragen hatte. Sie arbeiteten für das Studio, waren unglaublich effizient und brachten alles Wichtige in Sicherheit.

Wir versammelten uns auf dem Bürgersteig gegenüber und beobachteten die Feuerwehrleute bei der Arbeit. Hin und wieder baten sie uns, einen Schritt zurückzutreten, sie befürchteten Explosionen. Als diese ausblieben, positionierten wir uns erneut gegenüber des Brandes. Das Schauspiel war so faszinierend, dass niemand heimgehen wollte. Die Stones waren besonders aufgekratzt. Großzügig reichten sie Joints und Whiskeyflaschen herum, die Techniker und das Studiopersonal griffen erfreut zu. Die Stimmung ähnelte nun einer psychedelischen Fete. Keith Richards, der seine Gitarre nicht aus der Hand gegeben hatte, improvisierte ähnliche Akkorde wie am Vortag. Marianne Faithfull und Anita Pallenberg tanzten.

Am frühen Morgen war der Brand endgültig besiegt. Die Leiter von Feuerwehr und Studio riefen Mick Jagger und Jean-Luc zu sich und informierten sie, dass die Aufnahmen erst in einigen Tagen fortgesetzt werden könnten.

»Oh, shit!«, rief der eine.

»Super, wir fahren zurück nach Paris!«, der andere.

Wir frühstückten auf dem Zimmer, und Jean-Luc schaltete gewohnheitsmäßig den Fernseher ein. Gerade war Senator Robert Kennedy in Los Angeles ermordet worden, in Endlosschleife sah man, wie er unter den Kugeln zusammenbrach. Nach kurzem, ungläubigem Staunen begann ich bitterlich zu schluchzen. Ich weinte nicht seinetwegen oder wegen dieses barbarischen Mords; ich erinnerte mich an die Tötung seines Bruders und dessen vermutlichen Mörders, Lee Oswald, sowie an den Tod meines Vaters bald darauf. Jean-Luc, weniger ergriffen von dieser Nachricht als von meinen Tränen, wollte mich beruhigen. Ich versuchte es ihm zu erklären, doch er verstand mich nicht. Also nahm er mich lange in den Arm, ohne ein Wort, und verbarg seine Verstimmung.

Noch auf dem Rückflug stand ich unter Schock, während er sich fragte, welche Folgen die Ermordung Robert Kennedys für den Vietnamkrieg haben könne. »Wie wohl Charles diese Wendung sieht?« Charles? Den Typen hatte ich völlig vergessen.

Wir hatten Paris vor kaum vier Tagen verlassen, doch dort war alles anders. Die Autos fuhren wieder, die Bürgersteige waren nicht mehr von Müllbergen gesäumt, die Löcher im Kopfsteinpflaster mit Teer aufgefüllt. Als ich die Fenster öffnete, um durchzulüften, nahm ich noch immer beißenden Gasgestank wahr. Ich blickte die Rue Saint-Jacques hinab und stellte erschrocken fest, dass auf der Kuppel der Sorbonne keine rote Fahne mehr flatterte. Sie wirkte wie enthauptet; ich war tief betrübt.

»Der schöne Monat Mai ist wohl endgültig vorbei.«

»Nein, *camarade.*«

Jean-Luc ballte die Faust und, Jean-Jock nachahmend:

»Das ist erst der Anfang, der Kampf geht weiter!«

Am 7. Juni hatten fast alle wieder die Arbeit aufgenommen. Die Studenten bereiteten ihre Jahresendexamen vor, die Gymnasiasten, darunter mein Bruder Pierre, das Abitur. Er freute sich, weil man das schriftliche Examen ausfallen ließ. Aber die mündliche Prüfung stand an, er wollte sie bestehen und lernte viel dafür. Dank seines Mofas kam er oft ins Quartier Latin. Das Théâtre de l'Odéon war immer noch belagert, aber er setzte keinen Fuß hinein; wir hassten beide die Atmosphäre dort.

Jean-Luc hatte sich seinen maoistischen Freunden angeschlossen; sie standen in Kontakt mit Arbeitergruppen, die das Abkommen von Grenelle als einzigen Betrug erachteten. Aus ihrer Sicht ging der Kampf weiter, wurde sogar härter. Die Franzosen standen nicht mehr hinter ihnen, sondern wollten geregelte Verhältnisse und warteten ungeduldig auf die Parlamentswahlen. Wie auch meine Familie glaubten sie an eine überwältigende Mehrheit für das Lager de Gaulles.

Am 10. Juni kam in Flins ein junger Mann namens Gilles Tautin zu Tode während gewalttätiger Auseinandersetzungen zwischen Polizei, Arbeitern und Studenten, die sie unterstützten. Auf der Flucht vor entfesselten Polizisten hatte er sich ins Wasser gestürzt und war ertrunken.

Sein Tod hatte weitreichende Folgen, selbst auf die öffentliche Meinung. Am folgenden Tag fand ein großer Trauer- und Protestzug statt. Jean-Luc, Rosier, Bambam und ich beteiligten uns, begleitet auch von Jean-Jock und befreundeten Künstlern und Technikern von Film und Theater.

Von der ausgelassenen Stimmung der Maidemonstrationen war nichts mehr zu spüren, dies war eine unbekannte Mischung aus aufrichtiger Trauer, Rachsucht und Hass. Selbst Jean-Jock sang nicht mehr.

Mehrmals wurde Jean-Luc von wildfremden Menschen angesprochen. Manche forderten aggressiv Rechenschaft von ihm, warfen ihm sein Schweigen vor oder – im Gegenteil – unwahre Aussagen. Andere, seine Anhänger, waren verunsichert, baten ihn um Rat. Sie setzten übergroße Hoffnungen auf ihn. Er selbst war am allerratlosesten und konnte nicht mehr antworten als »Ich weiß es nicht«. Solche Situationen hatte es schon während der letzten Maikundgebungen gegeben, doch Jean-Luc erschien mir an diesem 11. Juni stärker mitgenommen und verzweifelter – er fand keine Worte. Eine Gruppe junger Lehrer insistierte: »Aber Sie sind eine Person des öffentlichen Lebens, in *Die Chinesin* haben Sie die Ereignisse vorhergesehen, Sie müssen uns eine Richtung weisen.« Bambam, der das zunehmende Unwohlsein Jean-Lucs bemerkte, drängte sie höflich beiseite.

Je mehr Zeit verstrich, umso aggressiver und hasserfüllter wurde die Stimmung gegen die Regierung, die Arbeiter- und Studentengewerkschaften. Einige Demonstranten drückten lauthals ihre Kampfbereitschaft aus, andere Enttäuschung und Groll. Wieder andere, auch viele unserer Freunde, verließen die Veranstaltung, weil sie befürchteten, sie könne ein böses Ende nehmen. Auch Bambam wollte aufbrechen, und Jean-Luc kam das offenbar entgegen. Es war fast sieben Uhr, und er schlug vor, im Balzar zu Abend zu essen. Jean-Jock zögerte kurz und entschied sich dann zum Bleiben, »um zu schauen, wie es weitergeht«. »Erstattest du uns Bericht, Genosse Politkommissar?«, versuchte Jean-Luc einen Scherz. Jean-Jock versprach es.

Als wir an unserem üblichen Tisch im Balzar saßen, verfielen wir plötzlich in Schweigen. Jean-Luc wirkte so verzweifelt, dass Rosier ihn nicht mehr aufzog. Dies musste ihr eine große Anstrengung abverlangen, und vielleicht begann Jean-Luc gerade deswegen zu reden.

»Ich verstehe weder, was meine Anhänger von mir erwarten, noch meine Gegner.«

Rosier zögerte und sagte dann feinfühlend:

»Wie einer der Lehrer gesagt hat – Sie sind eine öffentliche Person, ein Orakel, ein Star, eine Art Gott.«

»Wie bitte? Wie bitte?«

Rosier hatte Recht. Ich erinnerte mich daran, wie wenig Jean-Luc den frömmelnden Empfang in Kuba und an den amerikanischen Universitäten bemerkt hatte; wie es mich gerührt hatte, dass er nichts davon wahrnahm. Es hatte also den Monat Mai 1968 gebraucht, damit er seine Naivität verlor? Er begann zu verstehen und sagte in verzweifelter Endgültigkeit:

»Dann werde ich wohl abtauchen, mich in den Dienst anderer stellen.«

Im selben Moment hörte man eine Explosion, gefolgt von Schreien, Ausrufen, berstendem Glas und Feuerwehrsirenen: Eine weitere Nacht des Aufruhrs begann. Bambam zahlte schnell, und wir verließen die Brasserie in der Absicht, zu unseren jeweiligen Wohnungen zu gelangen.

Die Polizisten rückten in dichten Reihen den Boulevard Saint-Michel in Richtung Place Edmond-Rostand herauf. Sie waren bewaffnet und behelmt und liefen in kleinen, schnellen Schritten, wie Soldaten. Die Vorderen schleuderten, wie sich später herausstellen sollte, Blendgranaten. Andere setzten Tränengas ein. Aus der Rue Soufflot und der Rue Gay-Lussac hörten wir neue Explosionen, und im oberen Teil des Boulevards schlugen Flammen hoch; man hatte Autos angesteckt.

An der Ecke Boulevard Saint-Germain/Rue Saint-Jacques warteten die Einsatzwagen im Hintergrund. Aber sie sahen nun anders aus, hatten abgedunkelte Scheiben; man hätte sie für Panzer halten können.

Dank unserer Schweizer Pässe ließ man uns durch, und am anderen Ende des Boulevards sahen wir, wie eine Barrikade errichtet wurde und Wahlplakate in Flammen aufgingen. Unzählige Polizisten strömten aus den abgedunkelten Fahrzeugen. In nicht einmal zehn Minuten hatte eine unfassbare Welle der Gewalt das Quartier Latin überrollt. »Hauen wir ab«, sagte Jean-Luc und zog mich in Richtung unseres Wohnhauses.

Auf den ersten Treppenstufen sanken wir nieder, außer Atem, aufmerksam den von draußen hereindringenden Geräuschen lauschend, die uns bestätigten, dass die Straßenkämpfe in Richtung der Place Maubert tobten.

Ich hörte das unregelmäßige Schlagen seines Herzens und meines eigenen. Spürte, wie sie sich wieder beruhigten und ihren regelmäßigen Rhythmus fanden.

»Trag mich«, sagte ich plötzlich.

»Was? Jetzt?«

Jean-Luc war überrascht.

»Ja, jetzt. Ich hatte solche Angst, meine Beine sind wie Gummi ...«

Das war kaum übertrieben. Und meine Augen tränten vom Gas. Jean-Luc ließ sich erweichen, legte meine Arme um seinen Hals und hob mich hoch. Er nahm zwei Stufen auf einmal, bis zu unserer Wohnung, vielleicht etwas weniger flink als früher. Als wir endlich in Sicherheit waren, hinter verschlossener Tür, setzte er mich ab, drückte mich aber weiter an sich.

»Auch ich hatte Angst«, murmelte er.

Und dann, mit stolzem Unterton, während er mich von sich losmachte:

»Aber ich hatte keine Gummibeine!«

Wir mussten an Rosier und Bambam denken. Hatten sie den Boulevard Saint-Michel inmitten der zum Angriff aufgestellten Polizisten überqueren können? Waren sie bis zur Rue de Tournon gekommen?

Bambam hob ab; wie wir waren sie gerade nach Hause gekommen. Er beschrieb uns, was vor ihren großen Fenstern zu sehen war: absichtlich von der Polizei blockierte Krankenwagen, zurückgedrängte Journalisten.

»Es scheint sich jetzt alles zum Panthéon zu verlagern, aber mehr kann ich nicht sehen – außer einigen Flammen und dichten Rauch- und Tränengasschwaden, die bis zu uns ziehen und die Luft verpesten. Wir sollten Radio hören.«

Wir schalteten Europe 1 an. Ein Journalist versuchte in Worte zu fassen, was er auf der Place de Panthéon erlebte. Er musste gegen einen Höllenlärm aus Explosionen und Sirenen anschreien. Mit heiserer Stimme erzählte er, dass er als einer der ersten Reporter vor Ort gewesen sei. Die Lage erschien ihm extrem verworren. Er machte mehrere Gruppen aus, die nicht zusammengehörten, keinen Anführer hatten und keinem Aufruf oder Ziel folgten. Einige Studenten rechnete er der UNEF zu, sie hatten Megaphone und wiederholten ohne Unterlass: »Geht heim, lasst euch nicht manipulieren ... Der Trauermarsch ist schon lange vorbei ... geht heim.« Ohne Erfolg. Der Journalist hustete, betonte noch einmal, wie stark das Gas war. Etwa hundert mit Schals vermummte Jugendliche, nicht wenige mit Helmen und Molotow-Cocktails ausgestattet, erschienen ihm besonders gefährlich, da offensichtlich gewaltbereit. Untereinander sprachen sie nicht, brüllten keine Parolen. »Auf mich wirken sie wie eine Stadtguerilla«, sagte der Journalist.

Das Telefon klingelte, Jean-Luc nahm ab: »Ja, wir sind da. Nein. Ich gebe Ihnen Ihre Tochter.« Er reichte mir den Hörer.

»Deine Mutter.«

Meine Mutter hörte ebenfalls Europe 1 und machte sich große Sorgen, weil sie keine Neuigkeiten von Pierre hatte. Ich versuchte sie zu beruhigen, ließ mich aber rasch anstecken: Mit Sicherheit war Pierre im Quartier Latin. Ich versprach meiner Mutter, sie anzurufen, sollte er bei uns klingeln, und bat sie, dasselbe zu tun, wenn er heimkäme. Unsere Sorge verband uns.

»Wenn er nur nicht am Panthéon ist«, sagte Jean-Luc. »Das wird böse ausgehen.«

Mit gebrochener Stimme sprach der Journalist weiter, war hörbar verängstigt. Er hatte versucht, sich der bewaffneten Gruppe zu nähern, wurde aber brutal abgedrängt. Dann waren sie auf das Polizeikommissariat zugelaufen. Inzwischen bewarfen sie es mit Molotowcocktails. Sie hatten ein ganzes Arsenal davon; kaum hatten sie eine Hand frei, folgte schon der nächste Brandsatz. »Das gab es noch nie!«, keuchte der Journalist. Trotz seines Schockzustands berichtete er weiter live. Die Türen der Polizeistation wurden verriegelt, einige Angreifer versuchten, sie aufzubrechen. Der Gegenangriff folgte rasch. Von der ersten Etage aus schleuderten die Polizisten Granaten, mehrere Demonstranten wurden verletzt. »Oh Gott, Offensivgranaten, wie im Krieg ... das gibt's zum ersten Mal«, sagte der Journalist fast panisch. Manche Demonstranten flohen, andere hingegen schlossen sich dem Kommando an. Ferne Sirenen kündigten das massive Eintreffen weiterer Polizeieinheiten an und endlich auch einzelner Krankenwagen.

Das Telefon klingelte, diesmal hob ich ab. Es war mein Bruder, der gerade in der Rue François-Gérard eingetroffen war. Er kam vom Panthéon und bestätigte, was wir gehört hatten. Ich reichte Jean-Luc den zweiten Hörer.

»Nach dem Befehl, diese düstere Demonstration aufzulösen, bin ich mit einer Gruppe junger Leute mitgelaufen und fand mich am Panthéon wieder, nicht weit von diesen wildgewordenen Verrückten. Als sie das Kommissariat angegriffen haben, bin ich mit ...«

Jean-Luc nahm den Hörer, ich die Hörmuschel.

»Du bist total bescheuert«, sagte er. »Du hättest fliehen sollen.«

»Ich hatte meine Kamera und Blitzwürfel dabei, ich wollte Fotos machen. Aber als die Bullen Granaten von der ersten Etage geworfen haben und eine direkt neben mir explodiert ist – da bekam ich wirklich Angst und bin in die Rue Vaugirard abgehauen, wo ich mein Moped stehen hatte.«

Jean-Luc wollte eine Frage stellen, aber Pierre kam ihm zuvor.

»Keine Ahnung, wer diese Wahnsinnigen waren. Die kommen von außerhalb, niemand hat sie je gesehen ... ohne Zweifel Randalierer, die nur zum Zerstören und Plündern da waren.«

»Von der Polizei beeinflusste Randalierer? Provokateure? Oder die berühmten ›Katangais‹, die an der Sorbonne Chaos anrichten und die die Studenten nicht loswerden?«

»Vielleicht ... Obwohl ich dabei war, kann ich dir nicht mehr sagen.«

Sie wechselten noch einige Worte, dann verabschiedete sich Pierre:

»Egal was morgen passiert, ich rühre mich nicht vom Fleck und lerne: Das Abi steht an, und vorm Sitzenbleiben fürchte ich mich so sehr, wie ich mich beim Panthéon gefürchtet habe.«

Der Radioreporter hatte inzwischen an seinen Kollegen an der Place Maubert weitergegeben; ihm zufolge hatten die Sicherheitskräfte hier die Kontrolle wiedererlangt. Viele der Demonstranten lagen verletzt auf dem Boden, die Polizisten traktierten sie mit Fußtritten und Knüppelschlägen – ihre Raserei und Brutalität ließ seine Stimme beben. Deutlich hörte man, wie die Polizisten ihn beschimpften, ihn aufforderten zu verschwinden, sonst blühe ihm dasselbe. Mehrmals fiel der Satz »Wir sind eure Scheißradios leid«.

Dann übernahm ein dritter Reporter: Am Boulevard Saint-Germain setzten sie sämtliche Wahlplakatswände in Brand. Ein vierter berichtete dasselbe vom Boulevard de Bonne-Nouvelle.

Abrupt schaltete Jean-Luc das Radio aus.

»Wie ich sie hasse«, sagte er. »Ich hätte auch gerne die Polizeiwache angegriffen, man sollte sie alle angreifen ... Der Kampf ist wirklich noch nicht vorbei, im Gegenteil – er geht gerade erst los.«

Sein hasserfüllter Blick unterstrich seine Worte, es war zum Fürchten. Schweigend ging ich zu Bett.

Am nächsten Morgen zeigten die Tageszeitungen die verwüsteten Straßen von Paris auf ihren Titelseiten und berichteten von zweitausend vorläufigen Festnahmen, von denen zweiundvierzig aufrechterhalten wurden. Marcellin, der neue Innenminister, verbot jede Form der Versammlung. Seine Ernennung sollte die jetzt herrschende harte Linie der Regierung unterstreichen.

In der Nacht vom 14. auf den 15. vertrieben die Studenten die sogenannten Katangais aus der Sorbonne. Diese flüchteten sich ins nur noch von Arbeits- und Obdachlosen bevölkerte Théâtre de l'Odéon. Die Sicherheitskräfte griffen ein und eroberten das Theater ohne Schwierigkeiten. Die Berichte über den Zustand der Räumlichkeiten warfen dunkle Schatten auf das Bild des Monats Mai.

Die Studenten und Arbeiter antworteten ihrerseits auf die härtere Linie der Regierung. Beide Seiten wurden radikaler, vor den Fabriktoren kam es zu brutalen Zusammenstößen.

Jean-Luc fuhr in die Provinz, um den streikenden Arbeitern Filmausrüstung zu bringen. Er war wieder aus der Deckung hervorgekommen und wollte an den unterschiedlichen Aktionen des Widerstands teilnehmen. Wie angekündigt, stellte er sich in den Dienst all derer, die um seine Unterstützung baten. Ich wunderte mich, wie bescheiden er jeden empfing, der ihn sehen wollte. Wenn ich nach Hause kam, saß er inmitten junger Leute. Sie redeten so selbstsicher daher, als seien sie die einzigen Hüter der Wahrheit, er hörte zu. Ich setzte mich dann zu ihnen und sagte wie üblich nichts. Dieses Schweigen war ihnen unangenehm, und sie verbargen kaum, was sie von mir hielten: Für sie war ich eine Bürgerliche, meilenweit vom Arbeiterkampf entfernt.

Am Abend bat ich Jean-Luc um eine Erklärung: Warum waren diese jungen Männer und Frauen so »interessant«? Er wusste mir nichts zu antworten und zog sich aus der Affäre, indem er mir »Unwilligkeit«, ja »Feindseligkeit« vorwarf. Er wollte nicht mehr ins Kino gehen, auch nicht mehr, wie im Vormonat geplant, die Jeansons besuchen. Michel und Nella Cournot luden uns eines Sonntags nach Sceaux ein – ohne die geringste Begründung lehnte er ab. Ich hingegen wollte weder zu seinen Versammlungen mitkommen noch nähere Bekanntschaft mit Charles schließen. Nur Jean-Jock, der immer in seiner Nähe war, fand Gnade vor meinen Augen. Er strahlte kindliche Lebensfreude aus, auch wenn er große Reden schwang.

Ein letztes Mal spielte ich in *La Bande à Bonnot.* Der Streik hatte den Drehplan verzögert, Jacques Brel musste dringend abreisen. Die Stimmung war entsprechend angespannt; Philippe Fourastié, der Brel schnell gehen lassen musste, drehte die gemeinsame Szene mit ihm, mir und Annie Girardot für mein Gefühl etwas zu schnell ab.

Am Abend sprach ich mit Armand darüber, der unseren Regisseur verteidigte: »Hat er denn eine Wahl?« Wenn es bei Jean-Luc später wurde, aß ich abends manchmal mit ihm und seiner Freundin Pat. Voller Nostalgie erinnerten wir uns an unsere Rollschuhrennen, die bereits in einer lange vergangenen Zeit zu liegen schienen.

Auch mit Rosier sprach ich, denn die Differenz zwischen Jean-Luc und mir bereitete mir Sorgen. Sie beschwichtigte mich: Ihrer Ansicht nach stellten sich alle Männer, wenn sie auf die Vierzig zugingen, ernsthaft infrage. Sie war sicher, dass er mich liebte, auch wenn die Politik ihn im Augenblick mehr mitriss. Sie kritisierte jedoch meine Abhängigkeit von ihm. Als sie hörte, dass ich weder Bankkonto noch Scheckheft besaß und Jean-Luc mir bei Bedarf »Taschengeld« auszahlte, war sie fassungslos. »Aber du arbeitest doch, verdienst eigenes Geld! Und er kassiert deine Schecks ein?« – »Äh, ich glaube.«

Sie überredete mich, diesem Zustand ein Ende zu setzen, ich versprach es und unternahm nichts: Im Grunde war es mir recht so.

Pierre bestand seine mündliche Abiturprüfung mit Bravour. Jean-Luc und ich warteten mit ihm auf die Verkündung der Ergebnisse. Als wir ihm gratulierten, war es ihm wichtig zu betonen: »Ich hatte meine Lehrer vom Lycée Jeanson-de-Sailly hinter mir. Ich hatte es nicht immer verdient, aber glücklicherweise sind sie links, in Richtung PSU. Und weil ich so ungefähr der einzige Gauchist der Klasse war ...«

Eine Universität in Rom lud Jean-Luc zu einer Diskussion zum Thema »Kino und politisches Engagement« ein. Er würde gemeinsam mit einigen wichtigen Professoren und jungen italienischen Filmemachern auf dem Podium sitzen, darunter Bernardo Bertolucci und sein Drehbuchautor Gianni Amico. Diese Veranstaltung richtete sich an die Studenten, die seit Mai ebenfalls immer stärker aufbegehrten. Jean-Luc akzeptierte, und die Veranstaltung wurde für Mitte Juli angesetzt. Das tröstete mich über den angekündigten Sieg der Gaullisten bei den Parlamentswahlen am 30. Juni hinweg.

Wie ich mich freute, endlich Rom wiederzusehen!

Eine weitere freudige Überraschung erwartete mich Ende Juni, als eines Morgens das Telefon klingelte. Ich trank meinen Nescafé im Bett, und Jean-Luc hob im Büro ab. Gleich darauf rief er:

»Für dich, Bernardo!«

Ich nahm das zweite Gerät und hörte erst erstaunt, dann sprachlos, wie Bernardo Bertolucci mir sein nächstes Projekt vorstellte. Er wollte den Roman *Der Konformist* von Moravia verfilmen: mit Jean-Louis Trintignant in der Titelrolle, Stefania Sandrelli als seiner Frau und mir als Frau des Professors, den der zum Faschisten gewordene Konformist töten sollte. Das war zu schön, um wahr zu sein. Umso mehr, als Bernardo mich schon ein Jahr zuvor für seinen Film *Partner* dabeihaben wollte und der Produzent entschieden abgelehnt hatte. Ich hatte ihn daran erinnert, und er hatte sich gerechtfertigt: Es spielten schon zwei Franzosen in dem Film, Pierre Clémenti und Tina Aumont, was eine dritte Französin ausschloss. »Du spielst im nächsten mit«, hatte er mir damals versprochen.

Bernardo geriet immer mehr in Fahrt, je mehr er mir von *»il nostro film«* erzählte. Die Dreharbeiten würden in Paris und in Italien stattfinden, der Zeit und den historischen Umständen Rechnung tragen. Die große, von mir verehrte Kostümbildnerin Gitt Magrini sollte sich um die Kostüme kümmern und Gianni Amico mit ihm an der Adaption des Moravia-Romans arbeiten.

»Du wirst sehen«, sagte er mir. »Der Film wird einen weltbekannten Regisseur aus mir machen und aus dir einen Star!«

Jean-Luc saß schon eine Weile auf der obersten Treppenstufe und verfolgte unser Gespräch. Er hörte nicht, was Bernardo sagte, wohl aber meine Antworten und sah meine Freude und Begeisterung. Ich hatte auf den zweiten Hörer gedeutet, aber er hatte abgelehnt.

»Es wäre gut, wenn du ein wenig vor unserer Univeranstaltung ankämst, damit Gianni dich besser kennenlernt und wir zu dritt über Moravias Buch und die geplante Verfilmung sprechen können. Die französische Übersetzung ist bei Flammarion erschienen, *penso*, lies sie schnell und ruf mich dann an«, sagte Bernardo zum Abschluss.

Ich genoss den Singsang seiner Stimme, sein trotz eines leicht nordischen Einschlags perfektes Französisch und die Art, wie er manchmal italienische Worte einstreute. Daher schwieg ich, damit mir nichts davon entging.

»Reichst du mir Jean-Luc?«

Ich gab den Hörer weiter und griff natürlich nach dem zweiten.

»Mhm«, sagte Jean-Luc.

Bernardo in Rom schien belustigt.

»Kommt deine miese Laune von eurer Revolution, die so schnell begonnen hat, wie sie vorbei war? Das ist so dermaßen französisch, das alles! Ihr seid so wankelmütig, ihr Franzosen!«

»Ich bin Schweizer, und du kannst mich mal, Arschloch!«

Jean-Luc legte abrupt auf und sah mich wütend an.

»Was soll das mit dem gemeinsamen Film?«

Ich sah ihn verständnislos an.

»Er hat dir ein Angebot gemacht, das dich sehr erfreut hat. Was ist es?«

Er sah mich so feindselig an, dass ich ihm nicht antworten konnte. Er schimpfte weiter:

»Was ist es?«, wiederholte er.

»Du bist wahnsinnig«, rief ich und vergrub mich in meinen Kopfkissen, um ihn weder sehen noch hören zu müssen.

Erst als er aus der Wohnung war, verließ ich das Bett. Die beiden mochten einander sehr. Ein Jahr zuvor war er begeistert gewesen, dass ich in einem Film Bernardos mitspielen sollte, unsere Freundschaft hatte ihn gefreut … Ich wusste nicht einmal mehr, wen ich anrufen sollte, um meiner Verzweiflung Ausdruck zu verleihen. Rosier?

Cournot? Wie sollte ich in Worte fassen, was gerade vorgefallen war?

Ich lag lange in der Badewanne, wälzte dunkelste Gedanken. Als ich mich anzog, hörte ich, wie die Eingangstür sich öffnete und schloss, und Schritte auf der Treppe. Dann sah ich hinter den Stufen einen Rosenstrauß auftauchen, daran ein weißes Taschentuch geheftet.

»Pardon«, sagte eine ganz leise Stimme aus dem Nichts.

Zum Beweis seines Versöhnungswillens lud Jean-Luc mich zum Essen an einen meiner Lieblingsorte ein; das Tea Caddy, unweit von uns, gegenüber der wunderschönen und altehrwürdigen Kirche Saint-Julien-le-Pauvre. Vor Kurzem noch hatte auch er diesen sehr ruhigen Salon de Thé und seinen altertümlichen Charme gemocht, den mir Robert Bresson gezeigt hatte. Seit Anfang Mai hatte er sich geweigert, ihn zu betreten. Wie so oft war seine Wut ins Gegenteil umgeschlagen. Nach zahlreichen Entschuldigungen fragte er mich erneut, diesmal ruhig und aufmerksam, worin Bernardos Angebot bestand. Ich erzählte es ihm.

»Kurz gesagt, Bernardo ist überzeugt, dass sein Film einen ›weltbekannten Regisseur‹ aus ihm machen wird und aus mir ›einen Star‹.«

Diesen Umstand fand ich besonders drollig, ich nahm die Ambitionen unseres Freundes, Urheber von bisher drei bescheidenen Autorenfilmen, nicht ernst. Jean-Luc verzog gequält das Gesicht.

»Das ist alles?«, fragte er.

Er machte eine Redepause, versuchte in Worte zu fassen, was ihm durch den Kopf ging. Und schließlich:

»Das ist jämmerlich. Wie kann er heutzutage noch dem alten Erzählkino hinterherrennen? Warum verweigert er sich dem Lauf der Welt? Geht den reaktionärsten Weg und zieht dich auch noch mit?«

»Er hat das witzig gemeint, da war auch Selbstironie dabei ...«

»Sicher nicht!«

Er sah auf einmal noch viel verzweifelter aus, seine Augen füllten sich mit Tränen. Er würde doch jetzt wohl nicht wirklich zu weinen beginnen ... Ich zwang mich, unbekümmert zu lachen.

»Mir ist egal, ob ich ein Star werde, ich werde nie einer sein! Das interessiert mich nicht, und das weißt du!«

»Nein, das weiß ich eben nicht. Was interessiert dich denn?«

»Filme zu drehen. Den von Bertolucci und deinen, in London. Im August drehen wir doch mit den Rolling Stones weiter, oder?«

Jean-Luc strich mir zärtlich über die Wange, wie zu Beginn unserer Beziehung. Scheinbar wirkte der Charme des Tea Caddy auch auf ihn. Wir waren die einzigen Gäste in diesem Raum in typisch englischem Stil, mit dunkler Holzvertäfelung und Fenstern aus bunten Glasscheiben, die das Tageslicht dämpften. Neben dem Dessertwagen saß immer noch dieselbe junge Frau, blond und still wie eine literarische Figur aus dem 19. Jahrhundert, und las in einem Buch, bis man sie rief. Paris wurde leerer, die Sommerferien hatten gerade begonnen.

»Heute Abend hast du dein Flugticket nach Rom«, sagte Jean-Luc.

Bernardo erwartete mich am Flughafen von Rom, vor dem Ausgang für internationale Flüge. Als er mich entdeckte, tat er, als spielte er Geige und stimmte *Laras Lied* aus *Doktor Schiwago* an, einem Film, den wir beide liebten. Ich antwortete ihm mit einer allen kleinen Italienern bekannten Märchenzeile: *Ucci, ucci, sento odor di Bertolucci.* Ein für Kinder furchteinflößender Satz, denn besagter Bertolucci war ein Menschenfresser. Eltern drohten mit ihm, wenn es ihnen nicht gelang, sich durchzusetzen. Auf Lara und den Menschenfresser anzuspielen, war ein Ritual für uns geworden.

Die Wolken hingen tief und schwer, es war drückend heiß. »Es brauen sich Gewitter zusammen, aber wer weiß, ob sie ausbrechen. Sollen wir deine Tasche im Hotel abstellen und dann Paola treffen, in einem kleinen Restaurant in Trastevere?«

Jean-Luc, der am nächsten Spätnachmittag eintreffen würde, hatte zwei Nächte im Hotel d'Inghilterra reserviert, wo ich während der Dreharbeiten zu *Teorema – Geometrie der Liebe* gewohnt hatte. Paola war Bernardos Freundin – nicht seine Ehefrau, denn sie war verheiratet, und in Italien war die Scheidung verboten. Sie betrieb ein Antiquitätengeschäft nahe der Piazza di Spagna.

Sie erwartete uns schon auf einer Terrasse auf dem Campo de' Fiori, und gleich darauf sprachen wir über unseren künftigen Film, für dessen Ausstattung sie teilweise verantwortlich sein würde. Ich hatte Zeit gehabt, den Roman Moravias mehrfach zu lesen, und die Aussicht, gemeinsam daran zu arbeiten, versetzte uns in Hochstimmung.

»Aber machen wir uns nichts vor. Bernardo dreht diesen Film zuallererst, um mit Trintignant arbeiten zu können.«

Auch Paola sprach exzellent Französisch.

»Das ist wahr«, gab Bernardo zu. »Ich bin in Trintignant verliebt, wäre ich eine Frau, würde er mich wahnsinnig machen. Am Beginn eines Films steht oft der Wunsch, eine Frau oder einen Mann zu filmen, das kennst du ja auch, von Jean-Luc.«

Er schlug einen anderen Ton an.

»Ich hoffe, er behandelt mich nicht wieder wie den letzten Volltrottel, das hat mir wirklich wehgetan. Berichte mir von ihm.«

Ich versuchte so aufrichtig wie möglich zu sein, erzählte vom Einfluss durch Jean-Jock, Charles und die Maoisten, die ich nicht kannte; von seinem Wunsch, das Kino zu verändern und es vielleicht gar hinter sich zu lassen.

Vor allem Letzteres entsetzte Bernardo.

»Jean-Luc ist ein Genie, würde er keine Filme mehr drehen, wäre das ein Verbrechen.«

Um wieder für gute Stimmung zu sorgen – denn Ernst ließ er wenigstens vor seinen Freunden selten durchblicken –, schlug er vor:

»Oder ich nehme seinen Platz ein. Du wirst sehen, Anne, *Der Konformist* wird unser Leben verändern!«

Der Tag klang in Schönheit aus. Ich war noch nie bei der Villa Medici gewesen, Bernardo und Paola wollten sie mir unbedingt zeigen. Dort trafen sie einige ihrer Freunde, die meine drei Filme kannten und mir herzlich und wohlwollend begegneten. Manche sollten auch zu der Veranstaltung an der Universität kommen.

Wieder in den Straßen Roms, brach ein heftiges Gewitter los, gefolgt von einem kurzen Schauer. Wir flüchteten ins berühmte Caffè Greco, wo wir bei Campari das Ende des Regens abwarteten. Während Paola mir den Ursprung dieses oder jenen Freskos erläuterte, mischten sich immer wieder hinzugekommene Freunde in unser Gespräch ein. Rom war ein Dorf!

Beim Abendessen war auch Gianni Amico dabei, am Campo de' Fiori. Bernardo stellte ihn als den »brasilianischsten aller Italiener« vor. Wenn er Partys organisierte, kamen alle großen brasilianischen Musiker hinzu, die gerade in Rom waren, und spielten bis tief in die Nacht.

Zwei Straßenmusiker stimmten neapolitanische Lieder für die Restaurantbesucher an. Der eine spielte Geige, der andere Harmonika. Ich kannte sie schon und wusste, was nun folgen würde. Auf ein diskretes Zeichen Bernardos kamen sie ganz dicht an uns heran und sangen im Flüsterton:

Stamattina mi sono alzato
O bella ciao, bella ciao, bella ciao, ciao, ciao
Stamattina mi sono alzato
E ho trovato l'invasor
O partigiano portami via,
O bella ciao, bella ciao, bella ciao, ciao, ciao
O partigiano portami via,
Ché mi sento di morir

Dieses Volkslied war zu Zeiten des Zweiten Weltkriegs eine der Hymnen des antifaschistischen Widerstands gewesen. Es galt als zu politisch und war daher rings um die von Touristen besuchten Cafés und Restaurants unerwünscht. Die beiden Musikanten waren Mitglieder der Kommunistischen Partei, mit der auch Bernardo sympathisierte; ich genoss es, ihnen zuzuhören, mochte ihre verschwörerische und phantasievolle Art, für ihn und seine Freunde zu singen. Selbst Jean-Luc war davon gerührt gewesen und hatte Bernardo freundlich mit dessen Verbindung zur KPI geneckt; das war vor einem Jahr gewesen, wie würde es morgen sein? Doch ein sanfter Sommerregen kühlte die Nacht, wir saßen unter dem Schutz eines großen Sonnenschirms, aßen zu Abend und tranken toskanischen Wein, warum also sich den Kopf darüber zerbrechen?

Mittags war ich mit Bernardo an der Piazza del Popolo zum Aperitif im Café Rosati verabredet; hier trafen sich viele Intellektuelle und Künstler. Er erwartete mich gemeinsam mit einem weißhaarigen Mann, den ich schon mit Pier Paolo Pasolini gesehen hatte. Es war der Schriftsteller Alberto Moravia; die Begegnung traf mich so unvorbereitet, dass ich ihm nur die ausgestreckte Hand schütteln konnte. Halb auf Französisch, halb auf Italienisch sprach er von seinem Buch und der Wahl der Schauspieler, die er guthieß. Wie am Vortag stoppten Freunde für einen kurzen Plausch oder setzten sich dazu und stiegen in das Gespräch ein. Von einem dreißigjährigen Produzenten erfuhr ich, Pasolini plane, eines seiner Theaterstücke zu verfilmen: Er sehe nur mich für die Rolle des jungen Mädchens, sei jedoch überzeugt, dass ich ablehnen würde, da ich ihn nicht schätzte. Das war umso merkwürdiger, als ich dasselbe von ihm dachte. Ich versuchte klarzustellen, dass es sich um ein absurdes Missverständnis handeln musste, da wurden wir durch die Ankunft eines hübschen Mannes unterbrochen, der sich, in Ermangelung eines freien Stuhls, rittlings auf einen Blumenkasten setzte. Er strahlte lässigen Charme aus, schüttelte einige Hände und umarmte Moravia. Dann zog er sein Jackett aus und lockerte seine Krawatte, während er über die Hitze und die in der Ferne grollenden Gewitter klagte. Er war bester Laune und schien weder die rings um uns einkehrende Stille zu bemerken noch die Blicke, die er auf sich zog. Passanten starrten ihn an, und plötzlich streckte man ihm von allen Seiten Zettel und Stifte entgegen. »Marcello! Marcello! Marcello!«, bettelten liebestolle Stimmen. Ich saß direkt neben Marcello Mastroianni und hatte ihn nicht erkannt!

Es regnete wieder, als ich hinter dem Zoll am Flughafen Rom-Fiumicino auf Jean-Luc wartete. Ich wurde von zwei Studenten begleitet, die sehr beeindruckt davon waren, *il Maestro* und seine Frau an die Universität fahren zu dürfen. Die Diskussion sollte um 20 Uhr 30 stattfinden, und sie sagten mir, der Hörsaal sei schon fast voll.

Jean-Luc war schlechter Laune, aber froh mich zu sehen. Selbst kurze Trennungen befeuerten immer seine amourösen Gefühle; mir gefiel das. Es hatte gut getan, Paris zu verlassen, Bernardo und seine Freunde wiederzusehen, die Künstlerszene, die mich immer wieder verzauberte seit meiner Begegnung mit Robert Bresson. Mir war bewusst, dass ich privilegiert war; das Wissen darum gab mir Selbstvertrauen, und ich wollte mich entsprechend verhalten, die Frau sein, die zu sein er von mir erwartete.

Der Hörsaal war so überfüllt, dass selbst die Treppenaufgänge besetzt waren. Im hinteren Teil standen manche. Die Ankunft Jean-Lucs wurde mit stürmischem Applaus gefeiert, in den sich einige Rufe mischten, von denen wir nicht verstanden, ob sie feindselig gemeint waren. Auf der Bühne erhoben sich Bernardo, Gianni Amico und die anderen Redner, um ihm zu applaudieren. Jean-Luc, dem dieser Empfang sichtlich unangenehm war, ging zu ihnen, während ich mich auf den mir neben Paola reservierten Platz setzte, in der ersten Reihe. Da ich an seiner Seite lebte, vergaß ich manchmal, dass seine Gegenwart bei anderen so starke Gefühle auslösen konnte. Er selbst vergaß es im Übrigen auch, und für einige Minuten glich er einem Tier in der Falle. Bernardo drückte ihn so herzlich, wie nur die Italiener es können, dann begann die Diskussion zum Thema »Kino und politisches Engagement«.

Anfangs begnügte sich Jean-Luc damit, den offensichtlich zum Kommunismus tendierenden Professoren schweigend zuzuhören. Bernardo übersetzte leise. Als man ihm das Mikrophon reichte, verurteilte er, betont liebenswürdig, sogleich deren revisionistische Auffassung des Kinos und unterstrich, alles bisher Gesagte sei ihm fremd. Die Professoren erhoben Einspruch, worauf Jean-Luc ihnen, immer noch genauso liebenswürdig, antwortete, es sei ihm mehr als fremd, er lehne es ab, ja verachte es.

Die Diskussion setzte sich im Saal fort. Einige bejubelten Jean-Lucs Beiträge, andere buhten. Von allen Seiten kamen Fragen, Bernardo hatte Mühe zu übersetzen. Einen Satz wiederholte Jean-Luc immer wieder: »Ich verabscheue eure romantische Vorstellung vom Kino und vom Kunstwerk ganz allgemein.« Diese radikale Haltung verschärfte die Spannungen und spaltete die Studenten in zwei Lager – jene, die zustimmten, und jene, die widersprachen und an Meisterwerke wie *Die Verachtung* oder *Elf Uhr nachts* erinnerten. »Ich sage mich von ihnen los, wie von allen meinen Filmen.« Bernardo widersprach geschockt: »Das darfst du nicht sagen, diese Filme zeigen uns den Weg.« Es war fast wortgleich, was auch Philippe Garrel nach der Aufführung von *Marie pour mémoire* gesagt hatte.

Ich war den Tränen nahe, Paola fassungslos. Dieser Abend entwickelte sich zu einem nicht enden wollenden Albtraum. Unter Studenten und Professoren herrschte allgemeine Verwirrung. Jean-Lucs Aussagen wurden immer konfuser und aggressiver; dies waren nicht mehr seine typischen Gedankensprünge und Widersprüchlichkeiten, die mich vor kaum einem Jahr so verzaubert hatten. Bernardo hatte das Übersetzen aufgegeben, ein ungeschickter Professor hatte ihn abgelöst.

Plötzlich erhob sich Jean-Luc und rief in einem anderen, ruhigeren und abgeklärteren Ton: »Ich habe alles gesagt und sage nun nichts mehr. Kämpfen wir weiter, Kameraden!« Worauf er die Bühne verließ, ungerührt von den Protesten der Studenten und trotz der Versuche Bernardos und der anderen, ihn aufzuhalten. Ich hatte keine andere Wahl, als ihm zu folgen.

Draußen war der Regen zur Sintflut geworden. Wir retteten uns unter ein Vordach. »Ich hoffe, die haben ein

Restaurant vorgesehen, ich sterbe vor Hunger«, sagte Jean-Luc. »Du nicht?« Nein, nach diesem aufreibenden Abend hatte ich auf überhaupt nichts mehr Lust.

Bernardo, Paola, Gianni und die junge Frau in seiner Begleitung kamen heraus und bestätigten, man habe in der Tat einen Tisch in einem guten Restaurant in Universitätsnähe reserviert. »Aber zählt nicht auf die beiden Kunstprofessoren, die auch eingeplant waren, sie kommen nicht.« – »Die wären wir los«, hielt Jean-Luc unbekümmert fest.

Die Menüauswahl beschäftigte uns eine Weile. Eine für uns ungewöhnliche vorwurfsvolle Stille lag im Raum. Es war Bernardo, der sie schließlich brach.

»So hättest du dich nicht benehmen dürfen«, sagte er zu Jean-Luc. »Niemand hat eine solche Verachtung verdient.«

»Und du, du solltest bemerkt haben, dass ich mich nie direkt an dich gerichtet habe, und mir dankbar sein. Wegen Paola und Anne habe ich mich zurückgehalten. Aber jetzt sage ich dir: So wie auch ich früher hast du Scheißfilme gedreht, und du wirst weiterhin guten Gewissens Scheißfilme drehen. Du verrätst die Ideale deiner Jugend, du schlägst dich auf die Seite der Unterdrücker, du wirst zum Klassenfeind, meinem Klassenfeind!«

Ich versuchte Jean-Luc zu unterbrechen, aber es war der kreideweiße Bernardo, dem dies mit einem heftigen Faustschlag auf den Tisch gelang.

»Ich hab genug von deinen Moralpredigten, du merkst nicht mal, welchen Schwachsinn du absonderst!«

»Dann haben wir wohl nichts mehr miteinander zu schaffen.«

Jean-Luc erhob sich, griff nach seinem an der Garderobe trocknenden Regenmantel, kam noch einmal zurück und küsste Paola auf die Stirn.

»Adieu, Paola«, sagte er in feierlichem Ton.

Und dann, zu mir:

»Kommst du?«

»Nein.«

Verblüfft drehte er sich um und sah mich an.

»Nein«, wiederholte ich noch entschiedener.

Ungläubig ließ er einige Sekunden verstreichen, während ich ohne Regung seinem Blick standhielt. Endlich ging er. Beim Öffnen und Schließen der Tür schlug ein Wind- und Regenschwall ins Restaurant.

Was gerade geschehen war, war die Wiederholung eines anderen Ereignisses, das mir kürzlich sehr wehgetan hatte und das ich noch nicht verdaut hatte, selbst wenn ich versuchte, nicht daran zu denken.

Auf unmögliche Art, ob im Alleingang oder von seinen mysteriösen Kameraden schlecht beraten, hatte Jean-Luc beschlossen, man müsse das Festival von Avignon boykottieren wie das Festival von Cannes. Ich hatte entschieden protestiert: Seit meiner Jugend war mir das Festival heilig. Ein Jahr zuvor hatte man uns eingeladen, *Die Chinesin* im Ehrenhof vorzustellen, und uns wunderbar empfangen. Die Begegnung mit Jean Vilar und Maurice Béjart hatte mich tief bewegt, und ich empfand Respekt und Zuneigung für die beiden. Als ich hörte, wie einige »Vilar, Béjart, Salazar!« skandierten, war ich entsetzt. Ihre Namen mit dem portugiesischen Diktator zusammenzubringen! Ich hatte Jean-Luc klargemacht: Wenn er an diesem verabscheuungswürdigen Plan festhielte, dann ohne mich. Worauf er François Truffaut angerufen hatte, der ihm die gleiche Antwort gegeben hatte.

Doch damit Jean-Luc seine Meinung änderte, brauchte es mehr.

Ohne Voranmeldung betrat er das Büro François Truffauts bei den Films du Carrosse. Ich begleitete ihn in der Hoffnung, sein auch von mir geschätzter Freund werde ihn mit den richtigen Worten umstimmen. Weit gefehlt. Ihr von beiden Seiten extrem aggressiv geführter Wortwechsel bedeutete das Aus einer großen Jugendfreundschaft. Am Ende, als Jean-Luc unter wüsten Beschimpfungen das Büro verließ, hatte François sich mir zugewandt: »Adieu, Anne, ich glaube, ich verstehe, was Sie durchmachen, und es tut mir sehr leid für Sie.«

Das fröhliche Geplauder im Restaurant holte mich in die Gegenwart zurück. Gianni Amico, voll des Mitgefühls, ermunterte mich, meine Pasta aufzuessen, die im

Teller kalt wurde, die beiden jungen Frauen erzählten etwas gezwungen von ihren Sommerferien, und Bernardo schenkte sich mit versteinerter Miene ein weiteres Glas Weißwein ein.

Doch plötzlich stieß jemand die Restauranttür auf, schwer zu sagen, ob ein Gespenst oder ein Schiffbrüchiger.

»Bande von Idioten, seit einer Viertelstunde warte ich jetzt an der Straßenecke, dass einer von euch sich entschließt, mir nachzukommen!«

Triefend vor Nässe baute Jean-Luc sich vor uns auf, eine Wasserspur hinter sich. Er beugte sich zu Bernardo herunter.

»Ich habe diesen Ausflug unternommen, damit du mir nachrennst, aber du, falscher Bruder, bleibst ungerührt sitzen!«

Das war gleichzeitig so liebevoll, so rührend und auch so witzig, dass wir in Lachen ausbrachen. Bernardo half Jean-Luc aus den Lumpen, die ihm als Regenmantel und Jackett dienten, und zwang ihn sanft, seinen bezaubernden weißen Leinenpullover überzuziehen. Jean-Luc lächelte zufrieden, setzte sich wieder auf seinen Platz gegenüber Paola und schloss sich bald unserem Gelächter an. Rasch griff es auf die Nachbartische und dann auf das ganze Restaurant über. Jean-Luc blieb völlig unberechenbar.

Ich konnte Jean-Luc nicht glauben, als er sagte, er habe dem Kino endgültig abgeschworen. Ich vermutete, er wolle nur, dem Zeitgeist entsprechend, etwas Neues ausprobieren, andere Wege gehen, mit anderen Leuten arbeiten als bisher.

Was an der Universität in Rom geschehen war, bestärkte ihn in seinem Plan, Ende Juli in Flins eine Diskussion zwischen Studenten und Arbeitern zu filmen. Er wollte, dass ich mitkomme, was ich sofort ablehnte. »Ich kann an einer solchen Veranstaltung unmöglich teilnehmen, ich verstehe nicht mal, wovon die reden.« Er insistierte: »Eben, du sollst auch nichts sagen, du wirst zuhören, eine junge Bürgerliche, die sich politisch weiterbilden und ihre Weltsicht ändern möchte ... so eine Art Candide ...« Ich blieb standhaft und weigerte mich sogar, Setfotos zu machen, aus Angst, mich vereinnahmen zu lassen. An besagtem Tag ging ich allein ins Kino und sah mir einen Film an, den ich dank ihm kannte und den wir verehrten, *Der Strom* von Jean Renoir. Am Abend trafen wir Rosier und Bambam im Balzar. Sie würden einige Ferientage in der Bretagne verbringen und luden uns ein mitzukommen. Begeistert nahm ich das Angebot an, Jean-Luc sagte weder zu noch ab.

Am nächsten Tag, gegen Abend, wurde das Material vorgeführt, das er gestern gedreht hatte. Die beiden jungen Leute aus dem Film waren im Saal, Jean-Jock, Charles mit ein paar mir unbekannten Freunden, Bambam sowie Willy Lubtchansky, der Kameramann.

Es war ein 16-mm-Film in schönem Schwarz-Weiß. Auf einer Art Brachfläche inmitten der Sozialbauten von Flins-sur-Seine fand eine politische Diskussion zwischen einer Studentin, einem Studenten und drei Arbeitern der Renaultfabrik von Flins statt.

Ich hätte nicht zu sagen gewusst, wie lange diese Vorführung des Rohmaterials dauerte, so sehr langweilte ich mich. Ich erkannte einige Losungen des Monats Mai wieder, hier und da aufgeschnappte Redefetzen, und verstand nicht, wozu ein Film namens *Ein Film wie die anderen* nötig war. Nur eine Szene berührte mich: Die Kamera verweilte auf dem Gesicht der jungen blonden Frau, die schweigend zuhörte und eine Zigarette rauchte. Jean-Luc hatte sie im Profil gefilmt, man konnte die Nuancen ihrer Haut erkennen. Für einige Sekunden hatte er sie so gesehen wie mich während der Dreharbeiten zu *Die Chinesin*. Ich empfand keinerlei Eifersucht, im Gegenteil – die Aufnahme beruhigte mich: Sie relativierte die theoretischen Reden über seine alten Filme und die noch theoretischeren Anmerkungen Charles' und seiner Freunde. Jean-Jock gefiel es, Bambam ebenso – ich war die Einzige, die nichts sagte. Als wir abends schlafen gingen, gestand Jean-Luc mir, dass mein Schweigen ihn verletzt habe. Ich sagte ihm, dass ich ihn liebte, worauf er niedergeschlagen antwortete: »Wir reden von unterschiedlichen Dingen.« Nur mit einigem Widerstreben ließ er mich in die Bretagne reisen. Dass Bambam mitfuhr, beruhigte ihn. Die beiden verband eine Freundschaft, die ohne Worte auskam, während er sich mit François Truffaut überworfen hatte und sich immer weiter von Cournot und Bernardo zu entfernen schien. »Pass auf sie auf«, befahl er Bambam auf dem Bahnsteig immer wieder. Noch wie am ersten Tag fürchtete er auf diffuse Weise, ich könne von einem verführerischeren Unbekannten geraubt werden. Wir telefonierten morgens und abends.

Dann wurden die Dreharbeiten in London fortgesetzt. Der Film sollte nun *One+One* heißen, für Jean-Luc war er nur noch eine lästige Auftragsarbeit. Als ich ihn im Flugzeug nach der Handlung fragte, antwortete er mit einem Satz, den ich von ihm schon kannte: »Demokratie heißt langsames Sterben«, und fügte hinzu: »Du wirst eine Allegorie darstellen, Ève Démocratie.« Ich war nun nicht viel schlauer, aber unbesorgt: Schon in *Die Chinesin* hatte ich Dinge gesagt, die ich nicht verstand, und Juliet Berto hatte mir anvertraut, dass es ihr genauso ging. Sie würde mir fehlen ...

Wir hatten ein Zimmer im Hilton; hier wurde er von dem Produzenten Iain Quarrier, der selbst im Film mitspielen sollte, und den englischen Teammitgliedern erwartet. Sie hatten nur eine knappe Liste einzelner Szenen erhalten und fragten nach Details zum Arbeitsplan. In drei Tagen sollten die Dreharbeiten losgehen, und man wurde unruhig.

Später im Speisesaal erklärte mir Jean-Luc, dass er mit mir beginnen würde, und erzählte mir den Plot.

Ève Démocratie, eine junge Frau, werde von einem Fernsehteam verfolgt, das sie um jeden Preis interviewen wolle. Die Szene sollte etwa zehn Minuten dauern und würde, wie die weiteren, in einer einzigen Plansequenz gedreht.

»Da du kein Englisch sprichst, wirst du auf die Fragen der Journalisten nur mit *yes* oder *no* antworten.«

»Und wie weiß ich, was ich antworten muss, wenn ich die Fragen nicht verstehe?«

»Darüber hatte ich noch nicht nachgedacht.«

Jean-Luc war ratlos. Aber nur kurz.

Ich trug zu dieser Zeit fast täglich Männerhüte, die meine langen roten Haare verbargen. Es machte mir große Freude, die Leute mit meiner Mähne darunter zu überraschen. Jean-Luc schnappte sich den sehr schönen aus grauem Filz, den ich gerade aufhatte, und schwenkte ihn herum.

»Wir machen einen Code aus. Wenn ich mit dem Hut winke, heißt das *Ja*, wenn ich stillhalte *Nein*. Oder umgekehrt.«

Das war raffiniert und würde wunderbar klappen.

Wir drehten auf einer sehr grünen Lichtung, inmitten der Bäume, mit einer ungemähten Wiese und vielen Vögeln. Eine typisch britische Landschaft, dabei waren wir in London. Die Szene dauerte zehn Minuten, die technische Umsetzung war kompliziert und benötigte viele Proben. Das falsche Fernsehteam verfolgte mich bei meinem Spaziergang, die Journalisten bombardierten mich mit Fragen, die ich nicht verstand, und hinter der Kamera sah ich Jean-Luc wie einen Kastenteufel herumspringen und meinen Hut schwenken oder nicht.

Ich antwortete mit *yes* oder *no* und ließ mir Zeit dabei, sodass es aussah, als würde ich nachdenken. Als wir das Rohmaterial sichteten, lobte mich Jean-Luc: »Du machst das verdammt gut!« Ich war seiner Meinung: Niemand würde uns je auf die Schliche kommen!

Auch die anderen Szenen wurden als jeweils zehnminütige Plansequenzen gedreht, was viel Genauigkeit und entsprechend viel Zeit erforderte. Es wurde dauernd geredet; die Protagonisten proklamierten politische Texte, deren Inhalt ich kaum verstand, obwohl Jean-Luc sie mir auf Nachfrage erklärte. Es ging viel um den Kampf der Black Panthers, um die notwendige rohe Gewalt, wenn man zur Tat schritt. Am Ende richteten sie Ève Démocratie hin, Jean-Luc höchstpersönlich kam mit meinem Hut auf dem Kopf ins Bild und bespritzte mich mit roter Farbe. Man bettete mich, blutüberströmt, auf die Plattform eines Kamerakrans, der in den Himmel fuhr. Um mich herum zwei Fahnen, die im Wind knatterten – das letzte Bild des Films.

Auch wenn mir zwischendurch die Schönheit einzelner Szenen gefiel und die Bestimmtheit, mit der Jean-Luc sein Team führte, so langweilte ich mich doch ein wenig. Ich gestand es mir nicht ein, und Jean-Luc war zu sehr von den Dreharbeiten eingenommen, um es zu bemerken. Abends aßen wir ausnahmslos im Restaurant des Hilton, denn jeder Versuch, ihn zum Entdecken neuer Orte zu überreden, war im Sande verlaufen. Er war wortkarg und versunken in mir unzugänglichen Gedanken; wenn ich ihn darauf ansprach, sagte er, die Dreharbeiten bewiesen ihm, dass er nichts mehr in einem traditionellen Filmteam zu suchen habe. Wieder und wieder erwähnte er, sich in den Dienst einer Sache oder Bewegung stellen zu wollen, was Jean-Jock und Charles unabhängig voneinander begrüßten. Auch reizte es ihn, Paris zu verlassen, um in die Provinz zu ziehen, in eine Studentenstadt wie Grenoble. »Es ist noch vage und durcheinander, aber alles wird sich fügen, und ich werde klarer sehen. Keine Sorge.«

Es war nicht mehr an Kino oder Theater zu denken, wir blieben in unserem Zimmer, vor dem Fernseher. Nicht alles ließ sich auf den sehr früh morgens klingelnden Wecker schieben, und ich hatte keine Ahnung, was ich von diesem Leben halten sollte, das mir glanzlos erschien, so weit weg von jenem, das wir noch vor Kurzem geführt hatten. Mich quälte der Eindruck, Jean-Luc liebe mich weniger stark. Doch meine Zweifel verschwanden, wenn er nachts aufwachte, seinen Arm um mich legte und Liebesworte murmelte. Dennoch fragte ich mich: »Ist es das, das Leben als Paar?« Ich konnte mir nicht vorstellen, für eine politische Gruppierung zu arbeiten, und erst recht nicht, weit weg von Paris zu leben. Wie das alles in Einklang bringen? Die Aussicht, in Bernardos Film zu spielen, munterte mich auf.

Als wir wieder in Paris waren, rief Bernardo regelmäßig an, um mich über den Stand des Drehbuchs auf dem Laufenden zu halten. Manchmal ließ er mich einen Satz meiner Figur vorsprechen, um ihn auszuprobieren. Ich spielte gerne mit, unter Jean-Lucs spöttischem Blick. Zwischen uns galt jetzt eine unausgesprochene Vereinbarung: Er ließ Bernardo in Frieden, und ich regte mich nicht mehr auf, wenn er von Charles und seinen kommunistischen Freunden anfing, die ich weiterhin nicht kennenlernen wollte. Das Weltgeschehen beschäftigte ihn so stark wie nie, er wollte in der Tschechoslowakei drehen und brannte für die palästinensische Sache.

Ich hingegen hatte mich über einen überraschenden Anruf des jungen italienischen Produzenten gefreut, den ich im Café Rosati getroffenen hatte. Er hatte mir angeboten, im nächsten Film Pasolinis mitzuspielen, und mich dann mit ihm verbunden. Sehr emotional hatten wir uns gestanden, liebend gerne wieder miteinander zu drehen, und hatten uns rasch geduzt. Es sollte ein zweigeteilter Film werden. Meine Hälfte sollte voraussichtlich Anfang 1969 in Padua gedreht werden, unter anderem mit Jean-Pierre Léaud. Es war ursprünglich ein Theaterstück. »Es gibt dementsprechend viel Text, ich lasse es dir übersetzen und zuschicken, anschließend sagst du mir, ob du die Rolle der Ida willst.« Ich hatte sofort zugesagt, wie schon für *Teorema – Geometrie der Liebe*. Jean-

Luc hatte mir dieses Projekt übelgenommen. Für ihn war Pasolini zu einem Verräter geworden, seit er für die italienische Polizei – »Söhne des Proletariats« – und gegen die Studenten – »verhätschelte Söhne der Bourgeoisie« – Partei ergriffen hatte. Aber gleichzeitig verehrte er ihn noch immer. »Er hat etwas Unbezwingbares an sich ... er ist der mutigste Mann, den ich kenne«, hatte er gesagt. Um dann, als wollte er diese ehrliche Anerkennung abschwächen, in seinem Schweizer Akzent anzufügen: »Und wenigstens wird er dich mir nicht entführen, dieser große Kämpfer der Homosexuellen!«

Im Herbst nahm er ein Filmprojekt an, bei dem er »nicht allein wäre«. Das Angebot kam von dem Duo Richard Leacock und D. A. Pennebaker, deren Dokumentarfilme über Joan Baez und Bob Dylan wir sehr gemocht hatten. Die beiden würden abwechselnd die Kamera führen, Jean-Luc intuitiv entscheiden, was zu filmen sei. Vielleicht wären ein oder zwei Studenten für den Ton dabei, sonst niemand. Ein extrem reduziertes Team, zwei von ihm geschätzte Filmemacher, New York, das er fast nicht kannte – Jean-Luc sagte zu, und zwei Tage später verließen wir Paris. Diesmal hatte ich meine Pentax dabei.

Pennebaker und Leacock arbeiteten mit filmbegeisterten und sehr politisierten jungen Leuten. Sie engagierten sich alle gegen den Krieg in Vietnam, traten für Minderheiten ein, nahmen an Protestmärschen teil und umgaben sich mit den systemkritischsten Studenten. Die Ankunft Jean-Lucs befeuerte ihren Elan, und er fühlte sich sofort auf vertrautem Terrain.

Sie hatten mich ohne Umschweife aufgenommen – ich war zugleich seine Ehefrau und die Schauspielerin, deren drei erste Filme sie gemocht hatten. Sie radebrechten auf Französisch und ich auf Englisch, wir kamen zurecht.

Penny – so wurde er genannt – war blond, jung und hübsch und wusste um seine Wirkung. Aber mein Favorit war Leacock. Ein Engländer, der nichts von einem Jeans und T-Shirt tragenden Amerikaner an sich hatte, dafür alles von einem Londoner Gentleman. Er war hochgewachsen, immer elegant und frei von Launen; offensichtlich war er der ausgleichende Part des Tandems. Außerdem war er der Älteste und, so schien es mir, der Aufmerksamste und Respektvollste unter ihnen.

Jean-Luc überließ sich jeden Tag der Improvisation. Wie geplant wechselten sich Penny und Leacock mit der Schulterkamera ab und folgen seinen Anweisungen. Um den Ton kümmerten sich ein junger Mann oder ein junges Mädchen. Ich machte Fotos zum eigenen Vergnügen, begeistert von New Yorker Vierteln, deren Existenz ich nicht mal geahnt hatte.

Besonders beeindruckte mich Harlem. Wir filmten in den Straßen, in einer Schule, zwei junge Mädchen am Kai, einer Eingebung von Jean-Luc entsprechend hielten sie einen Kassettenrekorder in den Händen. In dieser Welt der Schwarzen waren wir eine winzige Gruppe unbedeutender Weißer.

Weiße, denen LeRoi Jones vor seinem Haus und in Anwesenheit seiner Musiker eine Ansprache hielt – ein afro-amerikanischer Intellektueller, von dem ich in Paris das Stück *Le Métro phantôme* gesehen hatte. Sosehr ich mich auch bemühte zu verstehen, was er uns über das Mikrophon zubrüllte, seine Wut und Aggression verängstigten mich. Dennoch machte ich weiterhin Fotos, obwohl ich Bedenken hatte, die vielen schwarzen Menschen, die sich auf den Bürgersteigen drängten, könnten uns plötzlich angreifen.

Jean-Luc wollte noch eine berühmte Band filmen, Jefferson Airplane. Wie die vorangegangenen Tage war keine Drehgenehmigung bei der Stadt New York eingeholt worden. Doch wir waren nicht mehr in Harlem, und es gab Schwierigkeiten.

Die Musiker von Jefferson Airplane und deren Fans standen auf der einen Dachterrasse, unser Team auf dem gegenüberliegenden Gebäude. Ihr spontanes Konzert wurde von mächtigen Lautsprechern übertragen. Leacock führte die Kamera, ich fand ihn außergewöhnlich schön und machte einige Fotos mehr von ihm als sonst. Was Jean-Luc nicht entgehen konnte. »Der gefällt dir, was?«, bemerkte er ohne Eifersucht, beinahe belustigt.

Gegenüber feierte man weiter. Jefferson Airplane übertrafen sich selbst, ihre Fans tanzten, das ganze Viertel war in Aufruhr, und bald traf die Polizei ein. Polizisten wie aus amerikanischen Filmen, beinahe zwei Meter große Muskelmänner mit Schlagstöcken in der Hand und Revolvern am Gürtel. Leacock filmte weiter. Schnell hatten sie uns erreicht und schienen entschlossen, uns fortzuschaffen. Während unsere Freunde mit ihnen herumdebattierten, amüsierten Jean-Luc und ich uns königlich – das alles ließ uns an gewisse Szenen des Mai 1968 denken. Letztlich hätten wir nichts dagegen gehabt, einmal einen amerikanischen Knast von innen zu sehen ...

Nach dem Versprechen, die Dreharbeiten und das Konzert abzubrechen, dazu einer saftigen Strafzahlung, ließen die muskulösen Polizisten uns frei und zogen ab. Jefferson Airplane und ihr Anhang brachen auf, unser kleines Team setzte sich in einen Imbiss, um ein paar Hot Dogs zu verdrücken.

Jean-Luc, der in den letzten Tagen verdrossen gewirkt hatte, war wieder etwas besserer Laune. Er schien zufrieden, dass die Polizei den Arbeitstag beendet hatte. Die Höhe der Strafe interessierte ihn kein bisschen.

Penny und Leacock hingegen machten griesgrämige Gesichter. Um ihn zu necken, sagte Jean-Luc zu Leacock: »Ich habe den Eindruck, Sie gefallen meiner Frau sehr gut.« Worauf dieser in entwaffnender Bescheidenheit entgegnete: »Ach was! Sie fotografiert nur Penny!« Auf ihre mehrfachen Nachfragen, was morgen gedreht werde, antwortete Jean-Luc, das wisse doch er nicht.

Wenn Jean-Luc nicht drehte, machte es keinen Spaß in New York. Er wollte nichts sehen, nichts besichtigen. Gleich morgens ging er zur einzigen französischen Buchhandlung der Stadt, kaufte sämtliche französischen und amerikanischen Tageszeitungen, kehrte ins Hotel zurück und vertiefte sich in die Lektüre. Später aßen wir einige Blocks weiter in immer demselben, ebenfalls französischen Restaurant zu Mittag oder zu Abend. Penny und Leacock hatten uns zu sich eingeladen, aber Jean-Luc hatte unter einem Vorwand abgelehnt. Diese Monotonie frustrierte mich umso mehr, als Bernardo und Gianni mir einige Telefonnummern ihrer Freunde mitgegeben und mich ermutigt hatten, sie zu treffen. Vor allem von einem hatten sie erzählt: dem Saxophonisten Gato Barbieri, den sie sehr schätzten. Doch Jean-Luc hatte all diese Vorschläge abgelehnt – und ich nicht gewagt, alleine anzurufen.

Wenige Tage vor der Episode mit Jefferson Airplane war der Produzent Claude Nedjar nach New York gekommen, Jean-Luc hatte ihn bei den Generalständen der Filmschaffenden kennengelernt. Die beiden hatten durch die Idee zueinandergefunden, günstige Filme nach Art der *ciné-tracts* von Chris Marker zu drehen. Jean-Jock hatte sich angeschlossen, und sie planten schon zwei Projekte: eines in England, eines in der Tschechoslowakei. Mich interessierte das nicht, doch ich gestand Nedjar einige Qualitäten zu. Er war dynamisch, immer in Bewegung, hatte einen unstillbaren Abenteuerhunger – das genaue Gegenteil von Jean-Luc. Für ihn war es ausgeschlossen, jeden Tag im selben Restaurant zu essen, einem französischen noch dazu. Er wollte die Zeit in New York nutzen, um Orte und Menschen kennenzulernen. Dank ihm sah ich endlich etwas von dieser unglaublichen Stadt, die Jean-Luc links liegen ließ.

An seinem dritten Abend überredete er Jean-Luc, auf eine Party mit jungen Filmemachern mitzukommen. Es könne sich für ihr Projekt lohnen, mit ihnen zu reden. Wer die Party gab? Er wusste es nicht, aber es war ihm auch völlig gleichgültig.

Zu dritt landeten wir in einer geräumigen, verrauchten Wohnung mit etwa dreißig Leuten jeden Alters und von überall her. Die Tür stand offen, niemand nahm uns in Empfang, aber man wies freundlich aufs Buffet, bestehend aus Getränken und Kuchen »mit Haschisch«, wie ein junger Mann betonte. Joints gingen von Hand zu Hand, aus einem Kassettenspieler dröhnte laute brasilianische Musik. Viele tanzten, zu zweit oder allein, andere unterhielten sich angeregt auf den bequemen Liegesofas oder sogar auf dem Boden sitzend.

Nedjar begrüßte jeden, der ihm über den Weg lief, mit ausgestreckter Hand, fing Gespräche an. Er schenkte sich einen Whiskey ein. Ich nahm ein Glas Wein an, Jean-Luc sagte, er wolle gehen. Als eine ältere Frau mit langen grauen Haaren ihm ein Stück Kuchen anbot, war er außer sich. »Hauen wir ab«, sagte er. Ich wollte nicht unbedingt bleiben, aber noch weniger nach seiner Pfeife tanzen. »Sei kein Miesepeter«, griff Nedjar ein. »Geh schlafen, wenn du willst, aber lass Anne ihren Spaß. Ich bleibe noch ein Stündchen und nehme sie mit ins Hotel, versprochen.«

»Meinen Spaß«? Warum nicht?

Ich füllte mein Weinglas nach und setzte mich auf ein Sofa etwas abseits. Ich fand es anregend, diesen New Yorker Mikrokosmos zu beobachten. Ich schien im Künstlermilieu gelandet zu sein und versuchte zu erraten, wer was machte. Die Wohnung war geschmackvoll eingerichtet. An den Wänden hingen abstrakte Gemälde, Zeichnungen und Filmplakate, auch von *Das süße Leben* und *Außer Atem.*

Ein Mann hatte sich auf das Sofa gesetzt und sah mich an. Er lächelte mir zu. »Sind Sie das junge Mädchen aus *Teorema?*«, fragte er auf Französisch. Ich nahm ihn meinerseits in Augenschein. Er war um die dreißig, braunhaarig, ziemlich gutaussehend und sympathisch. Er näherte sich mir respektvoll und zeigte ehrliches Interesse. Ich war froh, überhaupt jemanden kennenzulernen, und das Gespräch mit ihm war lebhaft und sehr angenehm.

Wir teilten die Liebe für Italien und das dortige Kino. Er fragte mich, ob ich Filmprojekte in Aussicht hätte, und stolz antwortete ich, ich hätte gleich zwei, eines mit Pasolini, das andere mit Bertolucci. Der zweite Name brachte ihn zum Strahlen. »Ich kenne Bernardo sehr gut, ich mag ihn sehr. Ich habe mich ja gar nicht vorgestellt: Ich heiße Gato Barbieri, ich bin Saxophonist, und Sie sind in meiner Wohnung.«

Für den nächsten Tag, einem Samstag, hatte Nedjar Jean-Luc überredet, ein Auto zu mieten und nach Montreal in Quebec zu fahren, wo ein Festival für politischen Film stattfand. Die Veranstalter hatten Jean-Luc zu einer für Sonntag geplanten Podiumsdiskussion eingeladen. Warum nicht die Landschaft genießen, statt an einem Tag mit dem Flugzeug hin- und herzureisen? Die Idee hatte Jean-Luc gefallen.

Doch an besagtem Samstagmorgen war er sehr schlechter Laune. Nach meiner Rückkehr von der Party hatte ich mir Vorhaltungen anhören müssen, und meine Begeisterung – »Was ein Glück, zufällig bei Gato Barbieri zu landen, den ich mich nicht anzurufen getraut hatte, obwohl ich seine Nummer hatte! Was ein unverschämtes Glück!« – hatte ihn vollends verärgert. »Ich wusste es doch: Man kann dich nicht allein lassen! Kaum drehe ich mich um, lernst du jemanden kennen!« Seine Worte kündigten eine Eifersuchtsszene an, ich wusste die Vorzeichen inzwischen zu deuten und hatte mich entschieden, sie zu ignorieren und schlafen zu gehen. »Blödmann!«, hatte ich ihm zärtlich zugeraunt, bevor ich in friedlichen Schlaf gesunken war.

Glücklicherweise besserte sich Jean-Lucs Laune, als New York hinter uns lag. Aus seiner Kindheit in den Schweizer Bergen hatte er sich die Liebe zur Natur, zu Winter und Schneelandschaften bewahrt. Wir fuhren durch unendliche Wälder. Hin und wieder verwies ein buntgestrichenes Holzhaus mit qualmendem Schornstein darauf, dass hier Menschen lebten; uns kam es vor wie eine eisige Einöde. Denn abgesehen von ein paar uns ab und an entgegenkommenden Autos sahen wir keine Anzeichen von Zivilisation. »Sind diese gepflegten Wälder etwa kein Menschenwerk?«, erwiderte Nedjar, den unsere Begeisterung amüsierte.

Hin und wieder baten wir ihn anzuhalten und stiegen aus. Andächtig lauschten Jean-Luc und ich der Stille des Waldes, gebrochen nur vom Windrauschen zwischen den Tannen. Tief atmeten wir ein, die Luft war so eisig, dass es uns Tränen in die Augen trieb, wir bibberten vor Kälte, doch teilten dasselbe Gefühl. Auch ich empfand diese Liebe zur Natur; ich hatte, wie er, als Kind viele Winter in der Schweiz verbracht. Wenn wir dann wieder im warmen Auto saßen, versunken in unseren Erinnerungen, hörten wir kaum noch auf Nedjars Geplapper. »Für wenigstens zwei Jahre war ich auf der einen Seite des Sees und du auf der anderen«, sagte ich zu ihm. – »Aber wir waren unterschiedlich alt«, fügte er hinzu und nahm mich in den Arm. Mit einem Mal waren wir sehr verliebt und glücklich, zur gleichen Zeit das Gleiche zu fühlen.

Dieser euphorische Zustand hielt den ganzen Abend an. Der Quebecer Akzent, das überhitzte Hotel und das Kommen und Gehen der Gäste überforderte uns; sie standen im Kontrast zu den stillen Stunden inmitten der Wälder. Die Veranstaltung mit Jean-Luc würde am folgenden Nachmittag stattfinden, unsere Rückflugplätze waren schon für den Abend reserviert. »Kommt nicht infrage auszuschlafen. Wir werden den Vormittag nutzen, um spazieren zu gehen«, bestimmte Nedjar. Wir waren einverstanden.

Montreal erschien uns wie das Gegenstück zu New York. Wir stapften durch die Stadt, und Jean-Luc fühlte sich wohl, trotz der in Schlammpfützen verwandelten Straßen, der im Schnee nur langsam vorankommenden Autos. Die vielfältige Architektur und die Heiterkeit der Bewohner gefielen ihm. Seine Begeisterung steckte mich an.

Später verließen wir, weiterhin begleitet von Nedjar, ein wenig die Stadt. Am Waldrand erstreckte sich ein großes Schneefeld. Ein Mann verlieh dort Ski-Doos – Gefährte, die mich an Autoscooter erinnerten. Wir mieteten eines für Nedjar und eines für uns. Ich lenkte, Jean-Luc hielt sich hinten fest. Der Himmel war klar, die Wintersonne strahlte, wir waren ganz allein.

Und ganz allein amüsierten wir uns wie die Kinder. Ich, die nicht fahren konnte, empfand unfassbares Vergnügen an der Geschwindigkeit und an immer riskanteren Manövern, zu denen das Schneefeld einlud. Nedjar und ich lieferten uns ein Rennen, ignorierten Jean-Luc, der von Zeit zu Zeit vergeblich ein »Vorsichtig! Vorsichtig!« ausstieß.

Von diesem Vormittag existiert noch ein Polaroidfoto, das Nedjar aufgenommen hat. Ich bin darauf mit windzerzausten roten Haaren zu sehen, in dem langen Fuchsmantel, den ich zu dieser Zeit trug, selbstbewusst am Steuer und vergnügt lachend. Dahinter Jean-Luc in seinem schwarzen Stadtmantel, etwas verkrampft lächelnd, aber so zukunftsfroh in diesem Moment, wirklich so zukunftsfroh ...

Als wir wieder im Auto saßen, verkündete er: »Ich möchte wieder hierherkommen und einen Film drehen«, und wandte sich an mich: »Würde dir das auch gefallen? Hier fühlt man sich wohl, oder?«

Nedjar war sehr dafür. »Ich kümmere mich darum, während du den Film mit Penny und Leacock fertigstellst. Kontakte und etwas Geld sollten sich finden lassen, es gibt was zu tun in Quebec!«

Mitte Dezember waren wir wieder in Quebec und fuhren in den hohen Norden. Außer Nedjar, Jean-Luc und mir war diesmal auch ein Kameramann dabei, der für seine linke Haltung bekannt war, obwohl er nicht viel sagte. Die einen Monat zuvor an einem euphorischen Vormittag auf dem Motorschlitten entstandene Idee hatte Gestalt angenommen. Es handelte sich um einen durch und durch politischen Film über den erbitterten Streik der Minenarbeiter Norandas. Jean-Luc wollte sie zu Wort kommen lassen. Ich sollte mich durch das Vorlesen von Texten oder Flugblättern beteiligen, wie genau, war noch nicht ganz klar. Auf diese Reise ins Herz des Winters und ans Ende der Welt hatte ich mich weniger gefreut, als Jean-Luc gehofft hatte, aber ihn alleine fahren zu lassen, war undenkbar gewesen – für mich wie für ihn. Außerdem wollte ich ihm eine Freude machen: Schweren Herzens hatte er den Filmprojekten Pasolinis und Bertoluccis zugestimmt – da konnte ich die Mühe auf mich nehmen und ihn begleiten.

Der Film mit Penny und Leacock war bald nach unserer Rückkehr nach New York abgebrochen worden. Jean-Luc, der nichts von dem Gedrehten gesehen hatte, erfuhr, dass das Rohmaterial nicht seinen Vorgaben entsprach – Grund genug für ihn, den Dreh abzubrechen. Was er sogleich getan hatte, ungeachtet des Flehens, dann der Drohungen seiner Ex-Kumpane. Jetzt waren sie zerstritten.

Nedjar und der Kameramann wechselten sich seit mehreren Stunden am Steuer ab. Die klirrende Kälte, die uns zu schaffen machte, seit wir aus dem Flugzeug gestiegen waren, verschärfte sich, je weiter wir uns von Montreal entfernten. Das Thermometer zeigte inzwischen minus zwölf Grad an. Draußen pfiff der Wind durch die verschneiten Wälder. Der Boden und einzelne Bäume waren vereist, die Seitenstreifen der Straße glichen Eisbahnen. Es wäre absurd gewesen anzuhalten, bloß um durchzuatmen oder der Stille zu lauschen. Durch den grauen und tiefhängenden Himmel wirkte diese Einöde noch finsterer. Ich fühlte mich ganz anders als während der Fahrt von New York nach Montreal und fragte mich, was wohl in Jean-Luc vorging. Wir saßen nebeneinander auf der Rückbank und sprachen kaum miteinander. Ich spürte Verzweiflung in mir aufsteigen und hätte mir gewünscht, dass er es bemerkte und mich beruhigte.

Als wir in Noranda ankamen, war schon lange Nacht. Durch das Fenster sah es aus, als liege die Stadt in tiefem Schlaf. Die Turmuhr zeigte 22 Uhr, und das Thermometer war auf minus fünfundzwanzig Grad gesunken. Die Bewohner hatten sich schon längst bei geschlossenen Fenster- und Rollläden zu Hause verkrochen. Da, wo wohl die Hauptstraße war, parkte Nedjar das Auto vor einem Hotel. »Das ist das einzige der Gegend«, sagte er. Dann wies er auf die Filiale einer Cafékette auf der anderen Seite: »Und das ist das einzige Restaurant. Lasst uns die Koffer abstellen und hingehen. Ich sterbe vor Hunger. Ihr nicht?«

Das Bistro war rappelvoll, aber es war ein Tisch auf unseren Namen reserviert. Dieses letzte noch geöffnete Lokal zog all die Einzelgänger an, die das Heimgehen noch hinauszögerten. Alles Minenarbeiter, die laut sprachen und viel tranken, wie in Westernfilmen. Ich versuchte, mit dieser Vorstellung meine Traurigkeit zu vertreiben: »Wir sind in einem Western«, sagte ich zu Jean-Luc. Er lächelte mir zu, drückte meine Hand, antwortete aber nicht.

Ich ging als Erste hinauf ins Zimmer, während er sich noch mit den beiden anderen für den kommenden Tag absprach. Der Kontrast zwischen der Eiseskälte draußen und den überheizten Innenräumen war frappierend. Von dem schnellen Wechsel wurde mir schwindelig, vielleicht lag es auch an der Müdigkeit. Vor dem doppelt verglasten Fenster hatte dichter Schneefall eingesetzt; er verwischte das Panorama der von einigen Straßenlaternen entlang der Hauptstraße nur schwach beleuchteten Dächer.

Das Zimmer war klein, aber gemütlich, mit heller Holzvertäfelung an den Wänden, einem Doppelbett mit dicker Daunendecke, einem Tisch und zwei alten Sesseln. Es war kein Schweizer Chalet, doch ich konnte mir ein solches vorstellen, und das hatte etwas Beruhigendes.

Bald kam Jean-Luc und schlüpfte ins Bett. Er erzählte mir, dass Nedjar für den Morgen zwei Treffen mit den Leitern der Gewerkschaft der Minenarbeiter arrangiert hatte.

»Ruh dich aus. Wir holen dich später ab, um drüben zu Mittag zu essen. Danach schauen wir uns gemeinsam das Studio des hiesigen Fernsehsenders an.«

»Die haben hier einen Lokalsender?«, fragte ich erstaunt.

»Aber sicher, mit mehreren Stunden Programm täglich. Du glaubst dich wohl immer noch in einem Western, oder ...«

Ohne seinen Satz zu beenden, schlief er ein.

Gegen elf Uhr hatte ich kurz versucht, vor die Tür zu gehen, doch trotz Unterkleidung, Pullis, meinem roten Fuchsfellmantel und einer dicken Wollmütze trat ich sofort den Rückzug an: Immer noch schneite es, der Wind blies in Böen, und die Temperatur hielt sich bei minus dreiundzwanzig Grad. Im Hotel erklärte man mir, dieses Klima sei normal für die Jahreszeit, vor Frühjahr nicht an Spaziergänge zu denken. Aber im Frühjahr, da wäre ich weg, würde in Italien drehen! Ein schöner Gedanke. Als ich wieder im Zimmer war, holte ich einen der vielen Simenon-Romane hervor, die ich eingepackt hatte.

Um die Mittagszeit kehrten Nedjar, der Kameramann und Jean-Luc zurück und holten mich ab. Sie waren zufrieden mit den Treffen des Vormittags, besonders Jean-Luc: Die Gewerkschaftler waren zu einer Zusammenarbeit bereit. »Endlich eine Erfahrung im Kollektiv«, rief er mehrmals.

Durch die beschlagenen Autoscheiben und den Schneesturm erkannte ich nichts von der Landschaft. Wir waren schon bald am Ziel und wurden vor dem Neubau des lokalen Fernsehsenders abgesetzt: Büros, Gänge, eine Cafeteria und ein Studio, »erstaunlich gut mit Videotechnik ausgestattet«, wie Jean-Luc sofort bemerkte. Ein liebenswürdiger Herr, der sich als Direktor vorstellte, begrüßte uns. Er zeigte uns sein Reich und sprach lange von seinen Aufgaben und seinen Hoffnungen in die Zusammenarbeit mit Jean-Luc. Es folgte eine ausschweifende Diskussion, der ich nur mit halbem Ohr zuhörte.

Beim Abendessen, wieder im selben Restaurant und am selben Tisch, zeigte Jean-Luc sich zufrieden. Der Direktor und er waren sich einig geworden: Jean-Luc würde vier Sendungen über den Streik und das Privatleben der Arbeiter drehen. Neben Interviews gäbe es auch Diskussionen und Reportagen.

Am folgenden Tag erläuterte er in einer Liveübertragung seinen Ansatz: »Wir sind keine Künstler mehr«, sagte er kategorisch, »wir sind Fürsprecher – für die Revolution, für den Wandel, für ein Fernsehen, das allen gehört.«

Während der ersten Tage gab es zahlreiche Interviews und Diskussionen. Sein Kameramann filmte, ein ortsansässiger Techniker kümmerte sich um den Ton. Anfangs war ich dabei, verlor jedoch trotz einiger berührender Berichte rasch das Interesse. Es deprimierte mich mehr und mehr, den ganzen Tag in diesem Fernsehstudio auf Jean-Luc zu warten und es nur zum Essen in immer demselben Restaurant zu verlassen.

Auf einem Foto sitze ich niedergeschlagen in der Ecke des Studios, Ellenbogen auf den Knien, den Kopf in den Händen, meine ungenutzte Pentax in der Umhängetasche. Ich sehe aus wie ein Kind, das gleich losheult; Jean-Luc ließ das nicht kalt. »Ein einziges Häufchen Elend!«, rief er und glaubte, mir einen Gefallen zu tun: »Wir filmen dich im Freien. Dieser Schneesturm sieht gut aus, oder? Du wirst einen Aufruf zur Fortsetzung des Arbeiterstreiks verlesen und ein kurzes Brecht-Gedicht.« Aber wegen der Windböen, des Schnees und der Kälte bekam ich bald kein Wort mehr heraus. Ich zitterte krampfartig, sah vor lauter Tränen die Zettel in meinen Händen nicht mehr. »Schnitt!«, schrie Jean-Luc. Eine halbe Stunde später, trotz der Wärme im Studio und mehreren Gläsern heißen Tees, zitterte ich immer noch.

Man brachte mich ins Hotel. Erst in der Badewanne und dann im gemütlichen Zimmer fühlte ich mich wieder wohl; mir wurde plötzlich klar, dass unser Vorhaben hier absurd war, dass wir nach Frankreich zurückmussten. Ich in jedem Fall und auch Jean-Luc, wie mir schien.

Ich sagte nichts, aber die kommenden Tage gaben mir Recht. Jean-Luc schien an seiner Arbeit zu zweifeln. Er hatte seinen anfänglichen Enthusiasmus verloren, wirkte verdrossen und in sich gekehrt. Nur nachts waren wir uns nahe. Die Freuden der Liebe ließen mich alles andere vergessen.

Nedjar würde bald abreisen. Die Untätigkeit raubte ihm Kraft, und in Paris warteten andere Projekte auf ihn. Beim Abendessen konnte er sein Glück darüber kaum verbergen. Er erlaubte sich, einige Bedenken über die weitere Zusammenarbeit Jean-Lucs mit dem lokalen Fernsehsender zu äußern; Jean-Luc widersprach nicht.

Wieder in unserem Zimmer sahen wir, dass der Sturm draußen sich beruhigt hatte. Eine schwere Schneedecke lag auf den Dächern, die Sterne und der beinahe runde Mond standen klar am Himmel und überstrahlten das Panorama.

»Man kommt sich vor wie auf einer Weihnachtspostkarte«, sagte Jean-Luc leise.

Er drehte sich zu mir um. Ich zog mich gerade aus.

»Du siehst niedlich aus in diesem Aufzug«, sagte er, »bleib so und lass dich ansehen.«

Etwas überrascht tat ich, worum er bat. Ich trug nur einen Slip und ein weißes Unterhemd der Marke Petit Bateau.

»Ich hätte Lust, dich so zu filmen, wie du voller Anmut auf die schneebedeckten Dächer kletterst. All das Weiß, deine Unterwäsche und deine Beine und nackten Arme, das wäre ...«

»Du bist total bescheuert.«

Ich suchte stammelnd nach Worten, wollte alles loswerden: Dass ich den hohen Norden leid war, dieses Einsiedlerleben, und dass ich nach Paris zurückfahren würde, aber er kam mir zuvor:

»Fahren wir heim.«

Wir stahlen uns davon wie Diebe, anders lässt sich dieser Aufbruch nicht beschreiben, diese Fahnenflucht. Nedjar, den wir sogleich informiert hatten, organisierte alles, und vierundzwanzig Stunden später landeten wir zu dritt in Orly. Wir hatten nur wenig gesprochen. Jean-Luc war verbittert, hatte vielleicht auch Gewissensbisse, weil er die »Zusammenarbeit« mit dem Regionalfernsehen abgebrochen hatte, ohne jemanden zu informieren. Nedjar war in Gedanken bei kommenden Dreharbeiten, ich schlief die meiste Zeit.

Das Jahresende rückte näher. Weder Jean-Luc noch ich mochten die Zeit der sogenannten »Feiertage«. Gemeinsam mit Jean-Jock bereitete er den Dreh in England vor, bei dem ich nicht dabei sein würde. Er hatte beschlossen, seine künftigen Filme nicht mehr unter seinem Namen zu veröffentlichen, sondern unter dem des Kollektivs Dziga Vertov. Ein nur aus zwei Personen bestehendes Kollektiv erschien mir wie ein Jux und eine vorübergehende Eskapade. Aber ich täuschte mich. »Sollen wir dich jetzt Jean-Luc Ex-Godard nennen?«, hatte Cournot bei einem unserer seltenen Treffen gefragt. – »Gute Idee«, hatte Jean-Luc finster geantwortet. Es war schmerzhaft zu sehen, wie deutlich er sich von Cournot abgrenzte.

Gemeinsam mit Charles plante er eine Reise nach Jordanien, um sich der Palästinenserfrage anzunähern. Mir dagegen kam er nicht näher. Auf seine Bitte hin hatten wir Dany Cohn-Bendit in Frankfurt getroffen. Sie hatten die Idee eines »politischen Westerns« angerissen, aber sie redeten dermaßen viel und fuhren einander so oft ins Wort, dass aus diesem ersten Gespräch fast nichts hervorging. Mir kam es vor, als hörten sie einander gar nicht zu und hätten außer großer gegenseitiger Sympathie keine Gemeinsamkeiten. Ich hielt mich zurück, beeindruckt von Dany und gleichzeitig sehr amüsiert, so komisch waren manche ihrer Wortwechsel, so gewaltig der Kontrast zwischen dem Frohsinn des einen und dem Ernst des anderen.

Rosier und Bambam hatten sich köstlich über meine Erzählung von der Expedition in den hohen Norden und Jean-Lucs Plan amüsiert, mich bei minus fünfundzwanzig Grad halbnackt auf den schneebedeckten Dächern zu filmen. Für ihn waren dieses gescheiterte Experiment und der abgebrochene Filmversuch mit Penny und Leacock persönliche Niederlagen, er wollte schnellstmöglich beweisen, dass er zu erfolgreicher Arbeit im Kollektiv fähig war.

Bei einem Abendessen in der Rue de Tournon zeigte Rosier uns die Reproduktion einer Delacroix-Skizze der jungen Georges Sand im Profil. »Sie sieht Anne sehr ähnlich«, bemerkte sie. Später verriet sie mir unter dem Siegel der Verschwiegenheit, dass sie gerne einen Film über Sand drehen würde und mich für die Rolle vorsah. »Ich beginne gerade erst mit den Vorarbeiten und weiß noch nicht, ob ich es je schaffe, aber – würde dich das reizen?« Ich war begeistert und geschmeichelt, dass sie diese Frau in mir sah, die ich verehrte, aber Jean-Luc erzählte ich nichts davon. Ich ahnte auf undeutliche Art, dass er Rosiers filmische Ambitionen nicht befürworten und sie zu entmutigen versuchen würde. Dieses neue Projekt sowie die regelmäßigen Anrufe Bernardos zu »unserem Film« stimmten mich hoffnungsfroh für das Jahr 1969, das nun anbrach.

Für mich brach es wahrhaftig im Februar an, in Italien, in Padua, mit den auf zehn Tage angesetzten Dreharbeiten zu *Der Schweinestall.*

Pier Paolo Pasolini hatte seinen Film in zwei sehr unterschiedlichen Teilen angelegt. Den ersten hatte er mit Pierre Clémenti auf dem Ätna abgedreht. Im zweiten spielten neben Jean-Pierre Léaud und mir die spanische Schauspielerin Margarita Lozano, Ugo Tognazzi und der Regisseur Marco Ferreri mit. Das Filmteam war klein, und wir kamen rasch voran, trotz eines besonders strengen Winters.

Ich war überglücklich, Pasolini auch, und die Dreharbeiten waren der Beginn einer tiefen Freundschaft. Er plante schon Weiteres mit mir; er umgab sich gern mit Menschen, die er besonders mochte und auf die er zählen konnte, wie Ninetto Davoli oder die Brüder Citti.

Währenddessen hielt sich Jean-Luc mit Jean-Jock in England auf und drehte *British Sounds*, wie der Film später heißen würde. Wir telefonierten jeden Tag, trotzdem sorgte er sich, ich könnte ihn vergessen. Ich beruhigte ihn, so gut es ging, doch tatsächlich fühlte ich mich während der Dreharbeiten so wohl, dass er mir nicht sonderlich fehlte. Die Herzlichkeit und Anerkennung des Filmteams gaben mir Schwung, ich fühlte mich lebendig und bestätigt darin, wirklich Schauspielerin werden zu wollen.

Neben Pasolini interessierte sich noch ein weiterer Regisseur für mich: sein Freund Marco Ferreri. Ich hatte nach einer Weile bemerkt, dass er mich nicht aus den Augen ließ, und fühlte mich geschmeichelt, obwohl ich keinen seiner Filme gesehen hatte. Er kam mir etwas seltsam vor, sogar beunruhigend, doch seine Intelligenz und sein durchdringender Blick machten ihn sehr attraktiv. Er sprach gut Französisch, mit einem starken italienischen Akzent.

Am letzten Drehtag nahm er mich beiseite, um mir eine Rolle in seinem nächsten Film anzubieten, den er im Frühjahr in der Toskana drehen würde. Er handelte vom Überlebenskampf eines jungen Pärchens nach einer Atomkatastrophe, gespielt von Marcello Mastroianni und Annie Girardot. Ich wäre eine Art Botin in einer entvölkerten Welt und hätte den Auftrag, die wenigen Überlebenden zur Fortpflanzung zu überreden. Es klang noch unfertig, aber verlockend.

Jean-Luc und Jean-Jock würden erst in vier Tagen wieder in Paris sein, ich entschied, so lange in Rom zu bleiben. Trotz eisigen Regens und der düsteren Stimmung der winterlichen Stadt freute ich mich sehr über das Wiedersehen mit Bernardo, Paola und Gianni. Die Adaption des Romans ging voran, auch wenn es noch keinen festen Drehtermin gab.

Als ich gerade das Café Rosati betreten wollte, sprach mich ein Unbekannter an. Er erklärte, er sei »Carmelo

Bene, ein bekannter Künstler, der Theater und Film revolutioniert«, wie mir ein junger Mann in seiner Begleitung auf Französisch übersetzte. Er ergänzte, Carmelo wünsche sich meine Mitwirkung an seinem nächsten Werk, einem Film, der in drei Wochen gedreht werde und aus zwei Geschichten bestehe. Die mich betreffende basiere auf »Susanna und die Ältesten«. Ich solle darin die junge Frau spielen, nackt von Kopf bis Fuß und umringt von lüsternen Alten.

Nach einem kurzen Moment der Überraschung erwiderte ich, dass ich es kategorisch ausschloss, nackt zu drehen. Er insistierte, aber Bernardo, der mich begleitete und bisher nichts gesagt hatte, mischte sich ein: »Lassen Sie uns in Frieden. Wenn sie Nein sagt, heißt das Nein.« Die beiden Männer hatten sich nicht einmal gegrüßt und mochten sich offenbar nicht. Als Carmelo Bene wütend wurde, zog mich Bernardo ins Café. »Selbst wenn manche etwas Genialisches in ihm sehen, ist er auch ein verrückter und brutaler Alkoholiker. Mit dem hast du nichts zu schaffen.«

Eine Stunde später verließen wir das Rosati in Begleitung Moravias, der dazugekommen war, und Carmelo Bene tauchte erneut auf. Bewusst ignorierte er die beiden Männer neben mir und herrschte mich an, wobei er so schnell redete, dass sein Übersetzer kaum hinterher kam:

»Ich habe meine Frau angerufen, sie ist bereit, die Rolle mit Ihnen zu tauschen. Sie wird Susanna spielen und Sie Manon Lescaut. Meine andere Geschichte handelt vom Selbstmord Manons und des Chevalier des Grieux auf einem brennenden Autofriedhof. Ich werde des Grieux spielen, also gleichzeitig vor und hinter der Kamera stehen.«

»Sie hat schon abgelehnt«, griff Bernardo erneut ein.

Carmelo Bene sah ihn abschätzig an.

»Ich hatte Zeit, Ihren Agenten anzurufen, während Sie die Ihre mit diesen guterzogenen Intellektuellen vertan haben. Ich weiß, dass Sie morgen wieder nach Paris fahren, ich habe Ihre Telefonnummer und gebe Ihnen achtundvierzig Stunden, sich zu entscheiden.«

Er schüttelte mir die Hand.

»Noch eine Kleinigkeit: Sie werden von oben bis unten bekleidet sein. Dieses lange rosafarbene Kleid, das ich unter Ihrem Pelzmantel sehe, gefällt mir sehr gut: Das wird Ihr Kostüm.«

Und er verschwand im Gewusel der Piazza del Popolo. Trotz seines nach Wodka riechenden Atems war er ein schöner Mann von großer Ausstrahlung. Seine Entschlossenheit, seine Selbstsicherheit und das Misstrauen, das alle Welt ihm entgegenzubringen schien, hatten mich durcheinandergebracht und, zugegeben, auch gereizt.

»Du wirst doch wohl nicht zusagen?«, fragte Bernardo beunruhigt.

»Du wirst doch wohl nicht zusagen?«, fragte am folgenden Abend Jean-Luc wie ein Echo.

Einige Stunden zuvor hatte er mich in Orly abgeholt. »Du hättest uns in England treffen können, anstatt nach Rom zu fahren«, hatte er sofort gesagt. – »Du weißt doch, dass ich kein Englisch spreche!« Meine durchschaubare Ausrede hatte ihn zum Lachen gebracht, und er hatte mich an sich gedrückt. »Du hast mir gefehlt!« – »Du mir auch!« Puh, wieder versöhnt! Doch vorsichtshalber hatte ich es etwas hinausgezögert, von Marco Ferreri und Carmelo Bene zu erzählen, und ihm geschildert, wie Pasolini alleine einem ganzen Saal rechtsextremer Studenten gegenübergetreten war, die ihn am liebsten gelyncht hätten. Die Brüder Citti und ich hatten Angst um ihn gehabt, er jedoch nicht einen Augenblick. »Ich habe seinen Mut immer bewundert ...«, hatte Jean-Luc verträumt gesagt. Von den Dreharbeiten mit Jean-Jock hatte er wenig berichtet.

Zurück in der Wohnung, ließ ich ihn zunächst einige Anrufe tätigen, telefonierte selbst auch. Wir hatten ausgemacht, mit Rosier und Bambam zu Abend zu essen, und erst als wir fast bei ihnen angekommen waren, wagte ich, das Thema anzusprechen.

Ich begann mit dem Angebot Marco Ferreris: »Eine ganz kleine Rolle.« Er verzog vor Ärger das Gesicht, wollte antworten, doch ich kam sofort auf Carmelo Bene zu sprechen.

»Du wirst doch wohl nicht zusagen?«

Und mit einem Anflug von Panik:

»Wie hast du ihn kennengelernt?«

Ich erzählte ihm alles. Zu hören, dass ich sofort und unmissverständlich abgelehnt hatte, nackt zu drehen, beruhigte ihn etwas. Trotz der eisigen Kälte, die auch Paris im Griff hatte, blieben wir auf der Straße vor der Brasserie stehen und diskutierten die anstehende Entscheidung. Es war offensichtlich, dass er hoffte, ich würde ablehnen, doch das konnte er, seinen eigenen Idealen entsprechend, nicht verlangen.

»Du bist frei«, sagte er bedrückt.

Als ich ihn heftig umarmte, froh und erleichtert über seine Zustimmung, sagte er:

»Ich muss zugeben, dass Carmelo Bene ein Original ist; sein Kino hat nichts mit dem Rest zu tun, er sucht eine eigene Sprache. Ich habe irgendwo in Italien auf einem Festival, vielleicht in Pesaro, seinen ersten Langfilm gesehen, *Unsere liebe Frau von den Türken*, ausgesprochen befremdlich und interessant. Cournot, der auch dabei war, denkt sogar, dass er ein Genie ist, er hat eine begeisterte Kritik verfasst.«

Am folgenden Morgen, während ich gerade meinen zweiten, von ihm servierten Nescafé im Bett trank, klingelte das Telefon. Er nahm in seinem Büro ab und rief dann schroff:

»Für dich, Ferreri.«

Als ich am anderen Gerät abhob, bemerkte ich sofort, dass er nicht aufgelegt hatte. Warum wollte er unser Gespräch mithören?

Marco Ferreri hatte die Grundidee seines Films abgewandelt. Er hielt es nun für ergreifender, wenn das Paar der beiden Überlebenden von jungen Leuten verkörpert würde, und wollte mir die Hauptrolle geben. Meinen Partner hatte er noch nicht gefunden, Annie Girardot würde die Botin spielen, »Marcello«, wie er ihn nannte, war nicht mehr dabei. »Ich habe eine Synopsis für dich geschrieben, sie wird dir gegen Ende des Tages zugehen, und du wirst mehr verstehen. Ich melde mich morgen wieder. Die Dreharbeiten beginnen Mitte April und enden im Juni. Ciao.«

Ich war sprachlos, und Jean-Luc, der dazugekommen war, erst recht.

»Du wirst doch nicht für zwei Monate verschwinden?«

Und, da ich nicht wusste, was ich sagen sollte:

»Du wirst mich doch nicht so lange allein lassen? Du in Italien und ich in der Tschechoslowakei – das ist doch absurd!«

Er nahm mich in den Arm und drückte mich an sich. Ich durchlebte ein Wechselbad sehr widersprüchlicher Gefühle: eine Mischung aus Stolz, für eine Hauptrolle ausgewählt worden zu sein, Taumel angesichts der so dicht aufeinanderfolgenden Angebote und Angst davor, zu versagen und so lange von Jean-Luc getrennt zu sein.

Am Nachmittag traf der angekündigte Brief ein. Gemeinsam lasen wir die fünfseitige Synopsis. Als wir fertig waren, brach Jean-Luc in schallendes Gelächter aus. Ich saß mit gesenktem Kopf da, wütend und gedemütigt. Denn auch wenn die Geschichte Marco Ferreris Darstellung entsprach, ein neues Detail änderte alles: Die junge Frau, die ich spielen sollte, war während drei Vierteln des Films nackt.

»Na dann, das wird das Problem wohl regeln«, sagte Jean-Luc gutgelaunt. »Natürlich wirst du ablehnen?«

»Natürlich.«

Ich hatte entschieden geantwortet, doch ich konnte meine Enttäuschung nur schwer verbergen. In einem kurzen Nachsatz kündigte Marco Ferreri an, mich am kommenden Morgen anzurufen, um meine Antwort zu hören. Ich hatte keine Lust mehr, überhaupt mit ihm zu sprechen, und bat Jean-Luc:

»Könntest du für mich rangehen? In unserer beider Namen ablehnen?«

»Und ob, mit Vergnügen! Was ist nur in all diese lüsternen Cineasten gefahren, meine Frau ausziehen zu wollen!«

Als Ferreri anrief, saß ich neben Jean-Luc, am zweiten Hörer. Es machte ihm sichtbar Spaß. Er spielte seine Rolle voller Hingabe und teilte in ausgesuchter, fast übertriebener Höflichkeit mit, nein, seine Frau »wünsche nicht nackt zu drehen«.

Diese vordergründig respektvolle Art konnte einen so klugen Mann wie Ferreri nicht hinters Licht führen. Ebenso höflich kündigte dieser an, er werde nicht aufgeben und eine Lösung finden. »Ich weiß wirklich nicht wie«, sagte Jean-Luc. Sie verabschiedeten sich in aller Form. »Puh, den sind wir los«, sagte er nur. Und brach zu einer Versammlung an der Kunsthochschule auf, zufrieden mit sich selbst und mit den Gedanken schon woanders.

Ich dachte nach. Ferreri hatte gesagt, er werde nicht aufgeben und eine Lösung finden. Komischerweise glaubte ich ihm.

Und täuschte mich nicht.

Zwei Tage später rief er wieder an und sprach direkt mit Jean-Luc. Er war ebenso übertrieben höflich wie zuvor Jean-Luc, doch nun bestimmte er das Gespräch. Die junge Frau, die ich spielen sollte, wäre angezogen und würde regelmäßig das Kostüm wechseln. Das gestrandete Pärchen würde in dem verlassenen Haus auf einen Überseekoffer voller schöner Frauenkleider stoßen, die junge Frau würde sie mit Begeisterung tragen. Ihr Begleiter hingegen würde als nackter Wilder leben.

Jean-Luc hatte das so aus der Fassung gebracht, dass ihm seine Schlagfertigkeit abhandengekommen war. »Ich werde mit meiner Frau sprechen«, sagte er nur, bevor er auflegte. Dann wandte er sich an mich: »So eine Scheiße. Du wirst doch wohl nicht zusagen?«

Ich sagte zu.

Es war nicht einfach.

Jean-Luc konnte es mir nicht verbieten, versuchte aber, es mir mit allen Mitteln auszureden. Einige unserer Freunde glaubten, ihn unaufgefordert unterstützen zu müssen. Jean-Pierre Léaud, den ich zufällig in einem Café auf dem Boulevard du Montparnasse traf, echauffierte sich: »Nach den Filmen, die du gemacht hast, wirst du dich doch wohl nicht dazu herablassen, mit Ferreri zu drehen!« Sein Filmgeschmack beschränkte sich in diesen Jahren auf wenige Regisseure und schloss alle anderen aus. Auf meine Einwände antwortete er: »Stell dir vor, du stirbst während des Drehs – die letzten Bilder, die uns von dir bleiben, stammen aus diesem Film. Wie peinlich!«

Zuhause war die Stimmung angespannt. Jean-Luc war mal beim Filmschnitt zu *British Sounds*, mal in der Wohnung, wo ich Trübsal blies. Ich konnte vor ihm nicht zugeben, wie viel Angst ich hatte, mich so weit von ihm zu entfernen, er hätte es ausgenutzt. Als ich aus einem Gespräch heraushörte, seine Bank ermahne ihn wegen häufiger Überziehungen, erlaubte ich mir, ihn daran zu erinnern, dass ich in Italien Geld verdienen würde. Etwas naiv glaubte ich sogar, dass es unsere Beziehung stärken könne, wenn unsere beruflichen Wege für eine Weile auseinandergingen und ich ein wenig selbstständiger und unabhängiger würde. Jean-Jock, der auch dabei war, war auf meiner Seite. Gleichzeitig erstaunte es ihn, dass ich kein Mitglied des Kollektivs Dziga Vertov werden und lieber in der Toskana drehen wollte als mit ihnen in der Tschechoslowakei. Er war wieder voller Zuversicht, erzählte mir ausführlich von der sich ausweitenden Revolte der Oberschüler, von politischem Aufruhr in mehreren Fabriken. Dann hielt er mir mein mangelndes Engagement vor: »Es gibt nicht nur Kino im Leben, schau dich doch um.«

Kurz vor meiner Abreise nach Rom lud Rosier uns zum Abendessen ein, gemeinsam mit Cournot. Ich freute mich darüber, denn wir hatten uns schon lange nicht mehr zu fünft getroffen. Jean-Luc hatte sich auf ein unbestimmtes »Wenn dir daran liegt …« beschränkt. Er schien mit den Gedanken weit weg zu sein und verfolgte unsere Gespräche nur mit halbem Ohr.

Meist redete Rosier. Sie sprang von einem Thema zum nächsten, ihre gute Laune wirkte etwas aufgesetzt. Ich hatte von Carmelo Benes Wunsch berichtet, ich solle das rosa Wollkleid tragen, welches sie für mich geschneidert hatte, und sie fühlte sich »geschmeichelt«. Daraufhin erzählte sie, dass sie Audrey Hepburn für einen Film Stanley Donens ausgestattet hatte, den Jean-Luc und ich gesehen und sehr gemocht hatten, *Zwei auf gleichem Weg.*

Als wir nach dem Essen am Tisch herumsaßen, kam sie auf meine zwei Filmprojekte in Italien und jenes Jean-Jocks und Jean-Lucs in der Tschechoslowakei zu sprechen. Ihr beständiger Wunsch, das Gespräch in Gang zu halten, ließ sie manchmal in Fettnäpfchen treten, wofür Bambam sie anschließend scharf rügte. In diesem Fall fragte sie Jean-Luc und mich:

»Ihr wart noch nie so lange voneinander getrennt. Ist das nicht zu beängstigend, zu schmerzvoll?«

»Doch«, sagte Jean-Luc, jetzt in noch finstererer Stimmung.

»Doch«, wiederholte ich.

Plötzlich richtete sich Cournot an mich; er hatte bisher noch nichts gesagt.

»Dass du für eine Woche mit Carmelo Bene arbeitest, einem Genie, wunderbar. Aber dass du deine Zeit mit Pasolini und Ferreri vertust, kann ich nur schwer glauben.«

Entschieden fuhr Rosier ihm ins Wort.

»Es ist genau richtig, dass Anne arbeitet. Was sollte sie Ihrer Meinung nach sonst tun?«

»Sie sollte bei Jean-Luc Ex-Godard sein, ob in der Tschechoslowakei oder anderswo. Der Platz einer liebenden Frau ist an der Seite ihres Ehemanns. Sonst kann vieles passieren.«

Es folgte ein Moment ungläubiger Stille, die Rosier unterbrach, ernsthaft empört.

»Sie reden ja wie der allerletzte Reaktionär!«

»Cournot ist ja auch ein Reaktionär!«

Jean-Luc hatte überzeugt geklungen, jetzt wieder mit etwas mehr Elan. Er hielt eine feministische Grundsatzrede, forderte Selbstbestimmung und Gleichberechtigung für alle Frauen, zuvorderst die seine, in Arbeit und Liebe. Rosier stimmte zu, Bambam hingegen begann zu jammern: Sein Rücken schmerzte wieder, er wollte sich hinlegen.

»Firlefanz, Unfug«, grummelte Cournot hin und wieder.

Jean-Luc hielt weiter seine Rede, eine Melange der seit Mai populären Ideen. In schulmeisterlichem Ton gab er den perfekten revolutionären Aktivisten. Sein offensichtlich guter Wille erregte ein wenig mein Mitleid. Auch wenn er in der Theorie ernst meinte, was er sagte, so war ich nicht sicher, ob er auch in der Lage wäre, es im Alltag anzuwenden, wenn es um mich ging. Ich ahnte ja nicht, wie wenig.

Der Arbeitstag endete, wie er begonnen hatte: unaufgeregt und ruhig. Die Techniker trugen für die Nacht das Equipment in das Haus, in dem wir die meisten Innenaufnahmen drehten. Ich ging nach oben ins Schminkzimmer, um so rasch wie möglich Make-up, Mascara und Lippenstift zu entfernen. Unserem Maskenbilder Chico tat es leid darum; jeden Tag freute er sich, mich in eine – wie er sagte – »so viel weiblichere, so viel begehrenswertere« Heldin zu verwandeln, als ich es morgens war, wenn ich noch schlaftrunken eintraf. Liebevoll hielt er mir meinen *Wasser-und-Seife*-Charakter vor. Unser Regisseur Marco Ferreri stimmte zu und achtete penibel auf die zahllosen Kleider, die ich tragen sollte, manchmal meine eigenen, doch meist jene, die Lina Taviani aufgetrieben hatte, die Kostümbildnerin. Die beiden waren sich einig: Morgen sollte ich das lange rosa Wollkleid anziehen, das Michèle Rosier für mich entworfen hatte und das ich schon einige Wochen zuvor bei Carmelo Bene getragen hatte.

Die Dreharbeiten zu *Il seme dell'uomo* hatten Mitte April begonnen, es war der Vortag zum langen Wochenende des 1. Mai; die Stimmung in unserem Filmteam war ausgezeichnet. Wir wohnten alle zusammen in einem komfortablen Hotel und drehten an einem immensen, menschenleeren Strand und in dem einzigen Haus, das sich darauf befand. Marco Ferreri hielt sich nicht an den Drehplan; ohne Unterlass improvisierte er, folgte seinen Launen oder dem, wozu mein Filmpartner und ich ihn inspirierten. Ich war durch die Schule meiner bisherigen Regisseure gegangen, war daher anpassungsfähig und konzentriert und brauchte ihm nur zu vertrauen: Selbst wenn ich nicht immer verstand, in welche Richtung sein Film sich entwickelte – er, sagte ich mir, wusste es.

Im Auto, das uns zum Hotel brachte, fragte Marco Ferreri mich nach Neuigkeiten von Jean-Luc, den er nie bei seinem Vornamen nannte, sondern »dein Mann« oder

»Godard«. Es war geplant gewesen, dass er für das Wochenende zu uns stieße, war eine Entscheidung gefallen? Als ich ihm erzählte, dass ich seit mehr als zwei Tagen keinen Anruf von ihm erhalten hatte, verwies er auf die Verbindungsschwierigkeiten zwischen Italien und der Tschechoslowakei und wechselte das Thema, nachdem er zum Schluss gesagt hatte: »Das kann vorkommen, mach dir keine Sorgen.«

Sorgen machte ich mir nicht. Noch nicht jedenfalls. Jean-Luc erhielt seine Nachrichten erst spät nachts, mit Sicherheit erwartete mich eine schriftliche Mitteilung im Hotel.

Dort lag kein Brief, kein Telegramm. Alle gingen auf ihre Zimmer, um sich für das Abendessen umzuziehen.

Ich verbrachte einen angenehmen Abend mit Marco Ferreri, Lina Taviani, dem Kameramann Mario Vulpiani und Joya, der Regieassistentin. Letztere war in meinem Alter, und wir verstanden uns sehr gut, die Älteren nannten uns nachsichtig die zwei »Kindchen«. Sie war hübsch, sehr organisiert und immer für einen Spaß zu haben. Sie konnte über eine Kleinigkeit losprusten, und ihr vertraute ich mich an, wenn es mir nicht gutging. Sie fand es sehr amüsant, dass ich mit einem berühmten, siebzehn Jahre älteren Mann verheiratet war. »Ist er nicht ein wenig alt?«, fragte sie, nachdem wir dem Chianti zugesprochen hatten. – »Aber nein.« – »Und du findest Leute in unserem Alter nicht anziehend?« – »Nein.« Bei einem letzten Glas erzählte sie mir, wie sie ihr eigenes Leben plane: »Bis ich dreißig bin, möchte ich lieben, wen ich will, wann ich will, will freier sein, als unsere Mütter es je waren ... Danach bin ich bereit zu heiraten, Kinder zu kriegen, zu leben, wie es Tradition ist.« Seit Mai 1968 hatten viele diesen Anspruch – ihn auch zu formulieren, war ein Jahr später fast schon gewöhnlich. Ich versuchte zu erklären, dass ich diese Freiheit schon während der Dreharbeiten meines ersten Films *Zum Beispiel Balthasar* von Robert Bresson auf aufregende Weise entdeckt hatte. Meine Hochzeit mit Jean-Luc und die Ereignisse des Mai 1968 hatten mich nur bestärkt. Natürlich wollte ich frei sein.

Ich schlief schon lange, als mich das Telefon weckte. Es war Jean-Luc, er fragte mich mit gepresster Stimme, warum ich so spät heimgekommen sei, was ich gemacht hatte, mit wem. Er war kurzatmig und sprach sehr leise, sodass ich Mühe hatte, all seine Fragen zu verstehen. Schließlich kündigte er an, dass er am folgenden Abend in meinem Hotel sei, damit wir »uns erklärten«. Als er dachte, ich schliefe wieder ein, legte er auf.

Und wirklich informierte mich der Portier am folgenden Tag, als ich mit Marco Ferreri und seinem Team ins Hotel zurückkehrte, mein Ehemann sei angekommen und erwarte mich in meinem Zimmer. »Richte ihm aus, dass er eingeladen ist, mit uns zu essen. Aber bestimmt zieht ihr ein Tête-à-Tête unter Verliebten vor, in dem Fall werden wir ganz diskret sein«, sagte Marco Ferreri mit seinem verschmitzten Lächeln, bei dem man oft den Eindruck hatte, er mache sich ein wenig lustig.

Ich sah auf den ersten Blick, dass es Jean-Luc schlechtging und Unheil in der Luft lag. Er war unrasiert, hatte ein wächsernes Gesicht und zerknitterte Kleidung. Er wirkte wie ein Clochard, seit mehreren Tagen ohne Dusche und Schlaf. Das Zimmer stank nach Zigaretten der Marke Boyard Maïs, und ich riss rasch die Fenstertür zum Garten auf.

»Was ist los?«

Er antwortete nicht, sondern sah mich nur mit einer solchen Feindseligkeit an, dass ich wütend wurde.

»Warum wolltest du mich sehen, wenn es nur ist, um miese Laune zu verbreiten? Was habe ich dir getan?«

»... um das zu verdienen«, hätte ich beinahe hinzugefügt. Der Drehtag war sehr erfolgreich verlaufen, ich hatte Marco Ferreri mehr geboten, als er von mir verlangt hatte, wie wenn die Erwartung, Jean-Luc wiederzusehen, mich beflügelt hätte.

Weil er weiterhin schwieg, vermutete ich, dass es ihm schlecht ging, und das meinetwegen.

»Was ist los?«

Ich sprach nun zärtlicher, setzte mich neben ihn und nahm ihn in den Arm. Ich küsste seine Augenlider, seine unrasierten Wangen, seine Lippen.

»Was ist los?«

Endlich entspannte sich sein Körper, und er konnte mir antworten. »Es war los«, dass er seit drei Nächten bei mir anrief und der Portier ihm bei jedem Versuch mitteilte, ich sei nicht zu erreichen.

»Nur das ist los!«

Längst wusste ich, dass er urplötzlich eifersüchtig werden konnte, wegen einer Nichtigkeit. Jedes Mal hatte es sich als Absurdität herausgestellt, und nach meinen Erklärungen, um »meine Unschuld zu beweisen«, kam alles wieder ins Lot. Ich glaubte, dass es auch diesmal so wäre. Ich versicherte ihm, jede Nacht brav in meinem Zimmer verbracht zu haben, und schlug ihm vor, den Portier zu verhören, eine Ermittlung einzuleiten und gegebenenfalls Klage zu erheben. Zunächst müssten wir jedoch zum Abendessen und uns gegenseitig erzählen, was wir während all dieser Wochen erlebt hätten.

»Und geh duschen, rasier dich und zieh dir etwas anderes an!«

Ich wollte nicht, dass meine italienischen Freunde ihn in diesem erbärmlichen Zustand zu Gesicht bekämen. Was hätte Joya denken sollen?

Das Gespräch während des Essens verlief schleppend. Jean-Luc hörte kaum zu und schwieg sich über seinen Film aus, der später *Prawda* heißen sollte. Wenige Meter entfernt machte sich an Marco Ferreris Tisch laute Fröhlichkeit breit. Sie erzählten von den Besuchern, die sie am freien Wochenende erwarteten, von Ausflügen auf die Inseln oder ins Hinterland. Niemand schien beleidigt zu sein, dass Jean-Luc ihre Einladung nicht angenommen hatte.

Als wir wieder im Zimmer waren, wurde es noch schlimmer. Jean-Luc war immer noch von seiner fixen Idee besessen und befragte mich erneut, was ich in den letzten Nächten gemacht hätte. Er bezweifelte, dass ein Portier sich dreimal in Folge getäuscht haben könne – folglich hatte ich ihn belogen. Er wollte ja glauben, dass ich mich vielleicht nur in den benachbarten Discos amüsiert hätte, aber mit wem? Warum leugnete ich weiterhin, obwohl ich ihn doch einfach beruhigen könne, indem ich die Wahrheit sagte? Je eindringlicher ich schwor, das Zimmer nie verlassen zu haben, desto stärker wurde sein Verdacht zur Gewissheit. Mein hartnäckiges Beteuern bewies ihm meine Schuld. Der Ton zwischen uns verschärfte sich. Zunächst noch geduldig, wurde ich nun verzweifelt, aggressiv, verletzend. Was auch immer ich sagte oder empfand, beeindruckte ihn ohnehin nicht; er war entschlossen, nicht aufzugeben, bis ich mein »Geständnis« abgelegt hätte.

Als ich begriff, dass ihn nichts von seiner fixen Idee abbringen konnte und wir trotz unserer Müdigkeit die Nacht darüber verbringen würden, schluckte ich vor seinen Augen zwei Imménoctal.

Die Sonne schien ins Zimmer, als ich erwachte. Durch die noch offen stehende Fenstertür drang die gewohnte Geräuschkulisse des Hotels: Gesprächsfetzen im Garten, vereinzeltes Gelächter und hohe Kinderstimmen, ein in diesem Jahr in Dauerschleife im italienischen Radio gespieltes Lied Adriano Celentanos, *Azzurro*. Meine Uhr zeigte Mittag, Zeit aufzustehen, und ich rüttelte Jean-Luc, der komplett angezogen neben mir schlief.

Ich rüttelte ihn mehrmals und immer heftiger, bevor ich die leere Imménoctal-Schachtel auf dem Nachttisch bemerkte.

Erst jetzt verstand ich und starrte ihn einige Sekunden geschockt an. War er tot? Lebte er? Er schien zu atmen. So schwach jedoch, dass ich mich täuschen konnte, worauf ich beschloss, sofort Hilfe zu holen.

Ich rannte zu Mario Vulpiani, der im Zimmer nebenan wohnte. Als er mich sah, noch im Schlafanzug und völlig aufgelöst, begriff er, dass etwas Ernstes geschehen war, und kam sofort mit.

Er beugte sich über Jean-Lucs regungslosen Körper, betrachtete die leere Schlafmittelschachtel und sagte leise, aber bestimmt, so wie ich es von ihm nicht kannte: »Er hat Glück, einer meiner Freunde, ein Arzt, ist zum Essen hier. Ich beeile mich – es muss schnell gehen, vielleicht ist es schon zu spät.« Und mit einem strengen Blick auf mich, die zu weinen begonnen hatte: »Reiß dich zusammen, zieh dir was an und schließ vor allem die Tür: Das Hotel ist voller Journalisten, die Marco Ferreri interviewen wollen.«

Es waren bereits Stunden vergangen, und Jean-Luc atmete zwar, wachte jedoch nicht auf. Sein Zustand beunruhigte Mario Vulpianis Freund, der mehrfach und auf verschiedene Arten versucht hatte, ihn ins Leben zurückzuholen. Er hatte ihm auch einen improvisierten Tropf gelegt.

Es war ein junger Arzt, er hatte das erste Mal mit Selbstmord zu tun. Eingeschüchtert von dieser Verantwortung, hatte er ihn zuerst an die Klinik des nächsten Krankenhauses übergeben wollen. Aber Mario Vulpiani hatte ihn überzeugt: Dies wäre von den überall im Hotel lauernden Journalisten niemals unbemerkt geblieben und hätte einen Ansturm auf die Notaufnahme zur Folge gehabt. Ein gefundenes Fressen! Jean-Luc und ich vermieden sie; den berühmten Regisseur also zwischen Leben und Tod zu sehen, nach einem Selbstmordversuch neben seiner jungen Frau, Hauptdarstellerin im Film des ebenso berühmten Regisseurs Marco Ferreri ... ein handfester Skandal, der einen Auflauf an Paparazzi nach sich ziehen und anschließend die Dreharbeiten von *Il seme dell'uomo* behindern würde. Mario Vulpiani handelte ebenso sehr aus Mitgefühl wie zum Schutz des Films. Daher hatte er auch sofort die Läden der Fenstertür geschlossen und streute das Gerücht, Jean-Luc und ich seien für ein »romantisches Wochenende« außer Haus.

Völlig niedergeschlagen verbrachte ich den Nachmittag im Halbdunkel des Zimmers, geschüttelt von Weinkrämpfen, und ließ Jean-Luc nicht aus den Augen. Der junge Arzt blieb bei ihm, wartete auf ein Lebenszeichen. Gelegentlich wandte er sich an mich: »Sein Zustand ist unverändert«, und, als mir die Tränen kamen: »Das bedeutet auch, dass sein Zustand sich nicht verschlechtert.« Ich spürte, dass meine Verzweiflung ihm leidtat, dass er mich trösten und beruhigen wollte. Er wollte nicht nur Jean-Luc retten, sondern auch mich entlasten. Ein sensibler und feinfühliger Mann.

Ganz anders Mario Vulpiani. Um das übrige, nichtsahnende Team in die Irre zu führen, kam er nur selten ins Zimmer. Er war immer angespannter und sagte, er könne »nicht verstehen, wie einem Pärchen so was passiert«. Meinen Versuch unter Tränen, Jean-Lucs absurdes Verhalten und meine Unschuld zu erklären, unterband er sofort: »Seine oder deine Gründe interessieren mich nur wenig.« Diese Härte brach mir das Herz. Er hatte meine Arbeit immer geschätzt und mich gemocht. Jetzt schwang er sich zum Richter auf.

Als wir an diesem Punkt waren, rührte sich Jean-Luc plötzlich und gab einige unverständliche Worte von sich. Der junge Arzt beugte sich über ihn und rüttelte ihn vorsichtig. Er sprach auf Italienisch auf ihn ein, ich verstand, dass er ihn anflehte, zu uns zurückzukommen, ins Leben. Als Antwort schlug Jean-Luc um sich, stöhnte. Der Arzt wandte sich an mich: »Ich glaube, er ruft Sie.« Wir tauschten die Plätze, ich legte meine Hände auf Jean-Lucs Schultern und redete meinerseits auf ihn ein, wiederholte auf Französisch die Worte des Mediziners. Er öffnete weit die Augen und murmelte klar und deutlich: »Mon amour«, deutete ein Lächeln an und sank wieder in Schlaf.

»Er ist gerettet!«, jubelte der Arzt. Ich begann erneut zu weinen, überwältigt von Emotionen. »Sie haben nichts mehr zu befürchten, jetzt wird alles gut.« Er strahlte vor Stolz und Freude.

Mario Vulpiani setzte dem Jubel ein Ende. Sein Freund hatte den ganzen Nachmittag im Zimmer verbracht, nun wollte er mit ihm zum Abendessen gehen und mich mit Jean-Luc allein lassen. »Aber der Tropf ...«, wandte der Arzt ein. Mario Vulpiani reichte mir den Beutel mit der wertvollen Flüssigkeit. Er zeigte mir, wie man ihn hielt, mit ausgestrecktem Arm, aufrecht neben dem Bett, um die Tropfen in Jean-Lucs Vene laufen zu lassen. »Jetzt bist du an der Reihe, wir kommen im Laufe des Abends wieder und schauen nach dir«, sagte er nach einem freundschaftlichen Klaps auf die Schulter.

Die Tür schloss sich hinter ihnen, und ich bemerkte Jean-Lucs untröstlichen Blick. »Danke«, flüsterte er mit gebrochener Stimme. »Ich weiß nun, wie sehr du mich liebst und dass ich Unrecht hatte, daran zu zweifeln.« Und beruhigt schlief er wieder ein.

Ich war so entkräftet, dass ich ihn nur verständnislos und wütend anstarren konnte. Mir war eine Gewalt angetan worden, die ich noch lange nicht würde akzeptieren können. Es war uns in diesem Moment noch nicht bewusst, doch ab jetzt gäbe es ein Davor und ein Danach dieses furchtbaren freien Wochenendes im Mai 1969. Nachdem unsere beruflichen Wege schon begonnen hatten auseinanderzulaufen, kam langsam eine unterschiedliche Auffassung von Leben, Liebe und Tod hinzu. Unsere allmähliche Trennung dauerte insgesamt mehr als ein Jahr, fast zwei. Sie war sehr schmerzhaft für ihn wie für mich, auch wenn sie wohl von mir ausging. Das traurige Ende unserer Geschichte verlief wie viele andere und betraf nur uns beide; nun war ich keine privilegierte Zeitzeugin mehr. Ich werde nicht davon schreiben.

Glossar / Anmerkungen

Fédération des groupes d'études de lettres – Untergruppe des Studentenverbands UNEF an der Sorbonne

TNP – Théâtre national populaire, heute: Théâtre national de Chaillot

UNEF: Union nationale des étudiants de France – Französische Studentenunion, Dachverband französischer Hochschulgruppen

SNESup: Syndicat National de l'Enseignement Supérieur – Gewerkschaft der Hochschullehrer und -assistenten

FLN: Front de Libération Nationale – Nationale Befreiungsfront

CRS: Compagnies Républicaines de Sécurité – Republikanische Sicherheitstruppen, Spezialeinheiten der Polizei

Pierre Lazareff (1907–1972): Journalist, Pressemagnat und Filmproduzent. U.a. Chefredakteur der Tageszeitung *France-Soir*, Gründer von *Le journal du dimanche*; Hélène Lazareff (1909–1988): Journalistin und Gründerin des Magazins *Elle*

CGT: Confédération Génerale du Travail – Arbeiter-Gewerkschaftsbund

Die Grille und die Ameise: bekannte Fabel von Jean de la Fontaine

Société des réalisateurs de films – Verein zur Interessenvertretung der französischen Filmschaffenden

Katangais – Gruppe teils bewaffneter Jugendlicher, die sich unter die Studenten mischten und die Sorbonne besetzten

PSU – Parti socialiste unifié, wurde im April 1960 gegründet und vereinte verschiedene linke Gruppierungen und Parteien. 1989 löste sie sich auf

Eigentlich: *Ucci, ucci, sento odor di* Cristianucci

Anne Wiazemsky, 1947 in Berlin geboren, lebte als Schriftstellerin in Paris. Für ihr literarisches Werk wurde die Enkelin des Literaturnobelpreisträgers François Mauriac mit zahlreichen Preisen ausgezeichnet. Als Schauspielerin hat sie unter anderem in Filmen von Robert Bresson, Jean-Luc Godard, Pier Paolo Pasolini und Philippe Garrel mitgewirkt. Anne Wiazemsky starb am 5. Oktober 2017 in Paris.

Französische Literatur bei Wagenbach

Claire Gondor
Ein Kleid aus Tinte und Papier

Am Ende ist das Licht perfekt, der Fotograf begeistert von seinem Hochzeitsfoto in bunter Herbstlandschaft und die Braut wunderschön. Sie trägt ein Kleid aus sechsundfünfzig Briefen.

Aus dem Französischen von Theresa Benkert
SVLTO. Rotes Leinen. Fadengeheftet. 112 Seiten

Tanguy Viel *Paris - Brest*

Nicht immer sind Familien Orte der Geborgenheit und Liebe ... Dieser Roman von Tanguy Viel handelt von einer bretonischen Sippe, in der keiner keinem traut. Und zwar aus gutem Grund. Ein meisterhafter, burlesker Familienkrimi.

Aus dem Französischen von Hinrich Schmidt-Henkel
Quartbuch. Gebunden mit Schutzumschlag. 144 Seiten

Tristan Garcia *Faber. Der Zerstörer*

Faber verschwand eines Tages so, wie er damals aufgetaucht war: plötzlich und geräuschlos. Mehr als zehn Jahre später erreicht seine beiden Jugendfreunde Madeleine und Basile ein Hilferuf – und nicht nur in ihren Köpfen beginnt die ganze Geschichte von vorn ...

Aus dem Französischen von Birgit Leib
Quartbuch. Gebunden mit Schutzumschlag. 432 Seiten

Vincent Almendros *Ein Sommer*
Auch eine Liebesgeschichte

Zwei Liebespaare auf einem Segelboot im Mittelmeer. Wie soll das gutgehen? Die Sonne brennt, der Weißwein prickelt, die Urlauber sind angespannt. Ein erfrischend leichter Sommerroman, der ein verwegenes Spiel mit seinen Figuren treibt.

Aus dem Französischen von Till Bardoux
SVLTO. Rotes Leinen. Fadengeheftet. 96 Seiten

Paris, Mai ’68 erschien im Frühjahr 2018 als 232. *SVLTO.*

Die französische Originalausgabe erschien 2015 unter dem Titel *Un an après* bei Éditions Gallimard in Paris.

Verlag Klaus Wagenbach, Emser Straße 40/41, 10719 Berlin
www.wagenbach.de
Umschlaggestaltung Julie August unter Verwendung eines Filmstills aus »La Chinoise« von Jean-Luc Godard (1967).
Autorinnenfoto: © Anne Wiazemsky, Mai 1968. Photo droits réservés.
Gesetzt aus der AT Rotis Serif. Vorsatzpapier von peyer graphic, Leonberg, und Leinen von Gebr. Schabert, Strullendorf. Gedruckt auf Schleipen und gebunden bei der Druckerei Kösel, Krugzell.
Printed in Germany

ISBN 978 3 8031 1331 3